跨江海缆索承重桥梁专用型钢护栏设计与安全性能评价

汪西华　闫书明　编著

人民交通出版社股份有限公司

北 京

内 容 提 要

鉴于实际工程对跨江海缆索承重桥梁高等级梁柱式型钢护栏的广泛应用需求,本书通过总结相关成熟的研究成果与应用技术经验,对该类护栏的研究开发进行了系统介绍。本书主要内容包括:绪论、金属梁柱式桥梁护栏的结构特点与优越性、梁柱式型钢桥梁护栏设计方法、公路护栏安全性能评价方法、公路护栏适应性能评价方法,以及跨江海缆索承重桥梁专用型钢护栏结构研究、安全性能评价、结构适应安全性能分析、公路适应安全性能分析和车辆适应安全性能分析。

本书的编写填补了当前跨江海缆索承重桥梁专用型钢护栏研究成果与应用技术的空白,可供公路护栏设计、公路管理养护及交通科研等部门的技术人员使用,也可作为高等院校交通工程、桥梁工程等相关专业师生的参考书。

图书在版编目(CIP)数据

跨江海缆索承重桥梁专用型钢护栏设计与安全性能评价 / 汪西华,闫书明编著. — 北京:人民交通出版社股份有限公司,2021.12
 ISBN 978-7-114-17700-2

Ⅰ.①跨… Ⅱ.①汪… ②闫… Ⅲ.①悬索桥—防护—栏杆—产品安全性能—研究 Ⅳ.①U448.25

中国版本图书馆 CIP 数据核字(2021)第 239127 号

Kua Jianghai Lansuo Chengzhong Qiaoliang Zhuanyong Xinggang Hulan Sheji yu Anquan Xingneng Pingjia

书　　名:	跨江海缆索承重桥梁专用型钢护栏设计与安全性能评价
著 作 者:	汪西华　闫书明
责任编辑:	张江成　李　娜
责任校对:	孙国靖　龙　雪
责任印制:	张　凯
出版发行:	人民交通出版社股份有限公司
地　　址:	(100011)北京市朝阳区安定门外外馆斜街 3 号
网　　址:	http://www.ccpcl.com.cn
销售电话:	(010)59757973
总 经 销:	人民交通出版社股份有限公司发行部
经　　销:	各地新华书店
印　　刷:	北京印匠彩色印刷有限公司
开　　本:	787×1092　1/16
印　　张:	12.25
字　　数:	287 千
版　　次:	2021 年 12 月　第 1 版
印　　次:	2021 年 12 月　第 1 次印刷
书　　号:	ISBN 978-7-114-17700-2
定　　价:	58.00 元

(有印刷、装订质量问题的图书由本公司负责调换)

本书编委会

主　　编：汪西华　闫书明
副 主 编：赵文艺　余　斌　王　新
参　　编：邓　宝　周翔海　龚　帅　毛　峰　黄　宁
　　　　　亢寒晶　黄运林　杨福宇　裴大军　刘思源
　　　　　彭晓彬　池红坤　杨周妮　王仁贵　马　晴
　　　　　闫永伦　常　英　王志诚　胡学成　杨　灿
　　　　　龚趁心　刘晓波　叶再军　昌智勇　朱祖煌
　　　　　陈　亮　刘明虎　鲍　钢　刘　航　王文进
　　　　　吴文聪
审　　定：周炎新　陈冠雄　吕思忠　吴杰良　辛国树
编写单位：湖北武穴长江公路大桥有限公司
　　　　　北京华路安交通科技有限公司
　　　　　湖北棋盘洲长江公路大桥有限公司
　　　　　湖北省交通规划设计院股份有限公司
　　　　　中交公路规划设计院有限公司

前　言

改革开放以来，国家大力推动发展现代化交通，重点开展高速公路建设，桥梁在路网建设中则占有举足轻重的位置。近年来，随着国民经济的快速发展及工程技术领域的持续创新，跨江海大型桥梁建设事业蓬勃发展。我国通过桥梁自主建设的工程实践，走出"继承、发展、创新"之路，桥梁技术已跻身于世界先进水平之列，大跨径、轻量化的缆索承重桥梁（斜拉桥和悬索桥）作为跨江海桥梁的主要形式，已遍布国内的大江大海，"万桥飞架"的景象受到了世界各国的瞩目。与此同时，桥梁运营安全问题亦受到了越来越多的关注，失控车辆穿越护栏坠落江河湖海，或者撞击桥梁主体缆索承重构件的事故时有发生，易导致人员伤亡、财产损失、水源污染等严重后果。

对于跨江海缆索承重桥梁来说，护栏作为降低交通事故损失的最后一道防线，不仅应具有可靠的安全防护性能，阻挡车辆穿越、翻越、骑跨护栏，还应对车辆碰撞过程中的侧倾有所控制，降低对桥梁主体缆索承重构件的剐蹭损坏风险，以及降低护栏自重、荷载和所受横向风荷载对桥梁主体安全的影响。可以看出，跨江海缆索承重桥梁对护栏结构及安全性能提出了更高、更严的要求。当前对与此类桥型相匹配的专用桥梁护栏的需求亦越来越多，亟须得到兼备高防护等级、控制车辆侧倾良好、结构轻盈、承风面积小、对桥面板影响小、景观通透、加工及施工方便、造价合理及后期便于维修养护等综合性能的跨江海缆索承重桥梁专用型钢护栏。为了更好地保障跨江海缆索承重桥梁的运营安全，高效有序地完成跨江海缆索承重桥梁专用型钢护栏的研究开发任务，湖北武穴长江公路大桥有限公司、北京华路安交通科技有限公司、湖北棋盘洲长江公路大桥有限公司、湖北省交通规划设计院股份有限公司、中交公路规划设计院有限公司联合展开了技术攻关，旨在填补行业相关技术空白，为全国跨江海缆索承重桥梁护栏的设计、施工及管理养护提供支撑。

本书是在"缆索承重桥梁专用型钢护栏成套技术与标准化研究"成果的基础上，综合国内外相关发展情况，立足我国国情进行编写的。本书介绍了跨江海缆索承重桥梁对护栏设施的特殊需求，给出了护栏设计与安全性能评价方法，以及专用护栏技术成果，以期满足跨江海缆索承重桥梁护栏的设计与应用。

本书分10章，第1章介绍了我国跨江海缆索承重桥梁发展现状和护栏的重要性，明确了跨江海缆索承重桥梁对护栏的特殊需求，分析了研究开发护栏的重要意义；第 2 章对桥梁护栏防护等级选取进行介绍，对护栏结构形式进行对比分析，分析了梁柱式型钢护栏自身的优越性及与缆索承重桥梁主体的适应性；第 3 章介绍了梁柱式型钢桥梁护栏结构设计过程中需要用到的方法，包括基于经验和理论计算，以及计算机仿真模拟技术；第 4 章介绍了公路护栏安全性能评价方法，基于法规要求及实施经验，对实车足尺碰撞试验的试验系统、试验组织及试验数据分析进行了详细说明；第 5 章介绍了公路护栏适应性能评价方法，对实车足尺碰撞试验未详尽之处进行了有效补充与完善，从结构适应性、公路适应性、车辆乘员适应性三个方面给出具体的评价要求与结论；第 6 章介绍了跨江海缆索承重桥梁专用型钢护栏结构设计与优化的具体过程，包括基本结构研究、合理优化研究及护栏安全性能仿真评价；第 7 章介绍了跨江海缆索承重桥梁专用型钢护栏按照法规要求，开展实车足尺碰撞试验的安全性能评价过程；第 8 章介绍了跨江海缆索承重桥梁专用型钢护栏结构适应安全性能，从护栏高度、护栏宽度、护栏连接强度三个方面进行了分析；第 9 章介绍了跨江海缆索承重桥梁专用型钢护栏公路适应安全性能，从桥梁主体、桥侧构筑物、伸缩缝及过渡段四个方面进行了分析；第 10 章介绍了跨江海缆索承重桥梁专用型钢护栏车辆乘员适应安全性能，对公路上常见的不同类型、不同吨位、不同轴数的多种车型进行了分析。

本书可供护栏设计、管理、养护及研究等工程技术人员使用，也可作为跨江海缆索承重桥梁护栏研发设计的参考用书。

由于编者水平有限，书中疏漏与不当之处恳请读者和专家予以指正。

作　者
2021 年 8 月

目 录

第1章 绪论 ··· 1
1.1 我国跨江海缆索承重桥梁建设事业快速发展 ··· 1
1.2 护栏在桥梁运营安全中的重要作用 ··· 3
1.3 跨江海缆索承重桥梁对护栏设计的特殊需求 ··· 5
1.4 开展跨江海缆索承重桥梁专用型钢护栏研究的意义 ··· 8
1.5 本章小结 ··· 10

第2章 金属梁柱式桥梁护栏的结构特点与优越性 ··· 11
2.1 桥梁护栏设计防护等级 ··· 11
2.2 桥梁护栏结构形式 ··· 12
2.3 金属梁柱式桥梁护栏的优越性 ··· 17
2.4 金属梁柱式桥梁护栏对跨江海缆索承重桥梁的适用性 ··· 17
2.5 本章小结 ··· 19

第3章 梁柱式型钢桥梁护栏设计方法 ··· 20
3.1 基于经验和理论计算 ··· 20
3.2 基于有限元方法的计算机仿真模拟技术 ··· 28
3.3 本章小结 ··· 34

第4章 公路护栏安全性能评价方法 ··· 35
4.1 实车足尺碰撞试验简介 ··· 35
4.2 实车足尺碰撞试验系统 ··· 35
4.3 实车足尺碰撞试验组织 ··· 38
4.4 实车足尺碰撞试验数据分析 ··· 42
4.5 本章小结 ··· 46

第5章 公路护栏适应性能评价方法 ··· 47
5.1 适应性能评价必要性 ··· 47
5.2 适应性能评价方法 ··· 49
5.3 结构安全性能评价 ··· 50
5.4 公路适应性能评价 ··· 52
5.5 车辆乘员适应性能评价 ··· 53

5.6 本章小结 ········· 53

第6章 跨江海缆索承重桥梁专用型钢护栏结构研究 ········· 55
6.1 护栏基本结构研究 ········· 55
6.2 护栏结构优化研究 ········· 62
6.3 基于仿真模拟技术的护栏结构安全性能评价 ········· 75
6.4 本章小结 ········· 79

第7章 跨江海缆索承重桥梁专用型钢护栏安全性能评价 ········· 80
7.1 试验碰撞条件 ········· 80
7.2 试验护栏 ········· 81
7.3 试验车辆 ········· 82
7.4 试验数据分析 ········· 83
7.5 本章小结 ········· 93

第8章 跨江海缆索承重桥梁专用型钢护栏结构适应安全性能分析 ········· 95
8.1 护栏高度适应性分析 ········· 95
8.2 护栏宽度适应性分析 ········· 105
8.3 护栏连接强度适应性分析 ········· 114
8.4 本章小结 ········· 123

第9章 跨江海缆索承重桥梁专用型钢护栏公路适应安全性能分析 ········· 124
9.1 桥梁主体适应安全性能分析 ········· 124
9.2 桥侧构筑物适应安全性能分析 ········· 132
9.3 伸缩缝适应安全性能分析 ········· 138
9.4 过渡段适应安全性能分析 ········· 144
9.5 本章小结 ········· 155

第10章 跨江海缆索承重桥梁专用型钢护栏车辆适应安全性能分析 ········· 156
10.1 小型客车适应性分析 ········· 157
10.2 大中型客车适应性分析 ········· 167
10.3 大中型货车适应性分析 ········· 175
10.4 本章小结 ········· 183

参考文献 ········· 184

第1章 绪 论

1.1 我国跨江海缆索承重桥梁建设事业快速发展

改革开放以来,国家公路桥梁建设得到快速和长足的发展。目前我国公路桥梁总量已达80多万座,总长度超过5万km。进入新时期,随着国内沿海、江河地区经济快速发展的需要,作为经济发展基础设施的跨江海大型桥梁建设更是如火如荼,先后建成了一大批跨径大、科技含量高的跨江海大型桥梁,其数量统计如图1-1所示。

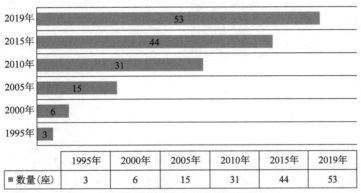

图1-1 我国跨海大桥建成数量统计

桥梁按照结构可分为梁式桥、拱式桥、刚架桥、缆索承重桥4种基本体系。在桥梁建设中,为了实现更大的跨越能力,缆索承重桥因其能充分发挥钢缆的拉力而取代了梁式和拱式等桥梁,成为跨江海大桥的首选桥型。

缆索承重桥主要包括斜拉桥和悬索桥两种类型。斜拉桥又称斜张桥,是将主梁用许多拉索直接拉在桥塔上的一种桥梁,是由承压的塔、受拉的索和承弯的梁体组成的一种组合受力结构体系,如图1-2a)所示;悬索桥又称吊桥,是以通过索塔悬挂并锚固于两岸(或桥两端)的缆索作为上部结构主要承重构件的桥梁,是由主缆、加劲梁、吊杆与主塔及锚碇等组成的一种柔性悬吊结构体系,其主缆、桥塔和锚碇是主要承重结构,如图1-2b)所示。

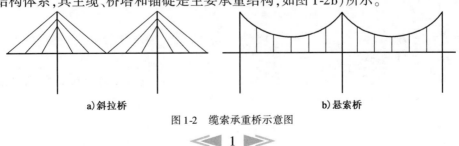

图1-2 缆索承重桥示意图

近年来,我国建设的国际知名跨江海缆索承重大型桥梁不胜枚举(图1-3)。其中,斜拉桥包括:港珠澳大桥,集桥岛隧为一体的超级跨海工程(世界第一长跨海大桥);青岛海湾大桥,荣获乔治·理查德森奖(中国桥梁工程获得的最高国际奖项);杭州湾跨海大桥,特大跨海大桥(世界第五长跨海大桥);沪苏通长江公铁大桥,世界最大跨径公铁两用大桥;苏通长江公路大桥,世界首座跨径超过千米的斜拉桥。悬索桥包括:泰州大桥,世界首座三塔双千米主跨的连续悬索桥;杨泗港长江大桥,目前世界上跨度最大的双层悬索桥;南沙大桥,目前世界上跨径最大的钢箱梁悬索桥等。这些缆索承重大型桥梁已经成为一张张闪亮的国家名片,吸引着全世界的目光,让国人自豪。

a) 港珠澳大桥(斜拉桥)

b) 青岛海湾大桥(斜拉桥)

c) 杭州湾跨海大桥(斜拉桥)

d) 沪苏通长江公铁大桥(斜拉桥)

e) 苏通长江公路大桥(斜拉桥)

f) 泰州大桥(悬索桥)

图 1-3

g)杨泗港长江大桥(悬索桥)　　　　　　　h)南沙大桥(悬索桥)

图 1-3　我国建设的国际知名跨江海缆索承重大型桥梁

1.2　护栏在桥梁运营安全中的重要作用

我国桥梁建设实现了跨越式发展,但桥梁运营安全形势较为严峻。护栏作为保障桥梁运营安全的重要防护设施,具有通过自身变形或车辆爬升来缓冲消能、改变车辆行驶方向、阻止其越出路外或进入对向车道,从而遏制恶性事故的特殊功能,被称为驾乘人员的"最后一条安全带"。桥梁护栏的防护性能应与道路设计速度、交通量、车辆构成、桥梁形式及结构等因素相匹配,当护栏的防护性能低于桥梁安全运营需求时,将无法为运行车辆提供有效保护,已经发生较多此类事故(表 1-1),且不乏大型恶性事故(典型事故 1、2),造成车毁人亡的严重后果。与一般公路桥梁相比,跨江海大型桥梁路段受雨、雪、风等外界环境的不利影响更加明显,且长距离的桥梁路段行驶容易引起驾驶员视觉疲劳,更易发生交通事故。

车辆驶出桥侧护栏事故举例　　　　　　　　表 1-1

时　间	路　段	死亡(人)	受伤(人)	载客(人)
2019.12.21	吉林省通化市区	4	多人	39
2019.08.25	沈海高速公路广东阳江阳西段	7	11	47
2018.10.28	重庆市万州长江二桥	15	—	—
2017.02.08	西双版纳清泉隧道至农垦医院方向	2	1	3
2017.09.01	福建仙游县盖尾镇	4	15	19
2017.04.02	贵州省榕江县平江镇	8		
2016.07.01	津蓟高速公路天津宝坻区尔王庄镇	26	4	30
2015.07.01	吉林省吉安市凉水乡境内	11	17	45
2013.12.19	湖北荆州长江大桥	14	9	—
2012.06.17	沈海高速公路福建霞浦段	17	28	45
2012.03.29	沪昆高速公路湖南娄底双峰县	5	33	38
2009.11.12	威海市双岛海湾大桥	13	9	22
2006.05.23	新疆 315 国道疏勒县坤巴什桥	15	18	33

续上表

时间	路段	死亡(人)	受伤(人)	载客(人)
2006.05.10	四川省107省道曾沟桥	12	17	29
2005.10.08	浙江省104国道杨家埠镇九九桥段	22	14	36
2005.04.19	重庆市黔江区沙湾特大桥	27	4	31
2004.05.12	浙江省乍嘉苏高速公路嘉兴出口处	23	10	31
2004.02.29	重庆318国道主坝大桥	12	35	47
2004.01.08	贵州石阡县	12	11	25
2001.08.10	新疆314国道新河县	32	3	42

注："—"表示无具体数据。

典型事故1：湖北荆州长江大桥北汊通航孔桥为主跨500m预应力混凝土斜拉桥,是特大型斜拉索桥。2013年3月12日19：00,在二广高速公路K1765+200m处,某汽运公司一辆由武汉返回鹤峰的双层卧铺客车(核载36人,实载22人),在荆州长江大桥由北向南行驶至距江南埠河镇收费站约200m时,因避让一辆摩托车,冲破荆州长江大桥护栏,坠入长江江岸护坡林滩地,造成14人死亡。客车坠桥事故照片如图1-4所示。

图1-4 荆州长江大桥(斜拉桥)客车坠桥事故照片

典型事故2：重庆万州长江二桥是一座特大型子母塔悬索桥型,主孔为1孔580m悬索桥,全桥长1148.86m。2018年10月28日上午,重庆万州长江二桥上当地一辆公交车与一辆客车相撞后,冲破护栏坠入长江,造成15人死亡。事故照片如图1-5所示。

图1-5 重庆万州长江二桥(悬索桥)交通事故照片

工程实践经验证明,设置安全可靠的桥梁护栏能够减少车辆损毁和保护生命安全,有效降低碰撞事故造成的损失,从而提高桥梁的安全运营水平与通行能力。以某公路桥梁为例,原有护栏结构按照《高速公路交通安全设施设计及施工技术规范》(JTJ 074—94)(已废止)进行修建,随着交通流量大幅度提升,以及运营车辆的车重、车速和复杂程度逐渐增加,车辆翻越桥梁护栏的事故也逐渐增加。

为提高桥梁的安全运营水平,通过研究,对旧桥梁护栏进行了有效加强,大大提升了护栏的防护能力(防护能量由230kJ提升至520kJ,提高近1.3倍),达到了《公路交通安全设施设计规范》(JTG D81—2017)的设计要求,如图1-6所示。近年的数据统计表明,桥梁事故死亡率大大降低,可见设置安全可靠的护栏对于提高桥梁的安全运营水平起到了至关重要的作用。

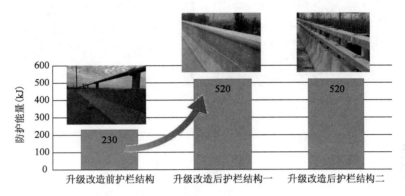

图1-6 桥梁护栏安全性能提升前后防护能量对比

1.3 跨江海缆索承重桥梁对护栏设计的特殊需求

跨江海缆索承重桥梁应用于特殊危险路段,对护栏设计提出了更为特殊严格的要求,主要体现在4个方面:一是护栏可以有效防护事故车辆,保护驾乘人员和桥梁缆索承重结构(斜拉索、吊杆)安全;二是护栏可以有效控制车辆侧倾,降低桥梁缆索承重结构(斜拉索、吊杆)严重损坏风险;三是减少护栏自重、荷载和所受横向风荷载对桥梁主体安全的影响;四是降低护栏碰撞荷载对桥面板的影响。具体如下所述:

(1)护栏应达到高防护等级,结构安全可靠。对于跨江海缆索承重桥梁段来说,桥梁下方多为水域环境,一旦桥梁护栏防护等级选取不当或安全防护性能不达标,车辆碰撞后容易冲出桥侧护栏坠入水中,引发群死群伤的恶性交通事故,给道路使用者的生命财产安全带来巨大损失,如图1-7a)所示,甚至可能发生车辆穿越护栏直接碰撞桥梁缆索承重结构(斜拉索、吊杆)的事故,严重威胁桥梁主体结构的安全,后果更是不堪设想,如图1-7b)所示。可见,跨江海缆索承重桥梁的事故严重程度高,所设置的桥梁护栏须具有高防护等级和可靠的安全防护性能,以降低车辆坠桥及碰撞缆索承重结构的风险。

(2)护栏具有较好的控制车辆侧倾功能。由于缆索承重桥梁的斜拉索或吊杆一般与桥侧护栏距离较近(图1-8a),且车辆碰撞护栏过程中,车辆(尤其是大型车辆)普遍会出现侧倾现象,即车体倾斜导致一部分车身位于护栏限界以外(图1-8b)。若桥梁护栏设计不合理,未能有效控制车辆的侧倾值,极易导致车辆侧倾过大,严重碰撞斜拉索或吊杆,对桥梁缆索承重结构造成损坏,严重威胁桥梁主体安全。因此,跨江海桥梁护栏结构不仅需要具备高防护等级来更好防护事故车辆,还应具有良好的控制车辆侧倾功能,尽可能减小事故车辆的侧倾值,以保护缆索承重桥梁主体安全。

a) 车辆冲出桥侧护栏

b) 车辆碰撞导致斜拉索损坏

图1-7 护栏防护能力不足导致车辆坠桥及碰撞桥梁缆索承重结构事故照片

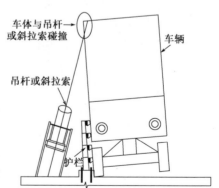

a) 缆索承重结构紧邻桥侧护栏   b) 车辆侧倾过大剐蹭缆索承重构件示意

图1-8 车辆侧倾值过大,易严重碰撞桥梁缆索承重构件

典型事故:某跨江大桥为大型斜拉索桥,一辆货车在行驶至斜拉索桥主塔附近时,右后轮突然爆胎,车辆失控后先与一辆小客车碰撞,随即又撞向桥侧护栏并滑行80余米后停下,事故造成桥梁护栏严重变形,且桥梁3根斜拉索不同程度受损,其中1根外皮破裂,露出了内部钢索,严重威胁桥梁主体安全,如图1-9所示。

a)桥侧事故现场情况　　　　b)斜拉索外皮破裂

图1-9　车辆侧倾值过大导致桥梁缆索承重结构严重损坏事故照片

(3)护栏自重荷载和所受横向风荷载较小。对于缆索承重桥梁来说,斜拉索和吊杆为主要承重结构,桥梁所受荷载越大则缆索承力的负担越重,护栏作为桥梁上的一种重要附属设施,若护栏结构自重过大,会增加桥梁的永久荷载,而护栏结构承风面积越大,会增加桥梁所受的横向风荷载,对跨江海桥梁安全都会带来较为不利的影响,严重的可能导致缆索承重结构断裂,甚至桥梁坍塌的事故,如图1-10所示。因此,跨江海缆索承重桥梁护栏应具有结构轻盈、承风面积小的特点,有效减少桥梁自重荷载和所受横向风荷载的作用,进一步保护桥梁主体结构安全。

图1-10　缆索承重桥梁坍塌事故

(4)降低护栏碰撞荷载对桥面板的影响。桥梁护栏设计过程中还要考虑对桥面板的保护,若车辆碰撞护栏过程中传递到桥面板的荷载超过承受限值,可能导致钢梁桥面板的破坏,影响桥梁主体结构的安全性。因此,桥梁护栏吸收碰撞能量的方式及荷载传递方式设计尤为重要,应尽量减少护栏对桥面板吸能的依赖性及荷载的集中作用。

1.4 开展跨江海缆索承重桥梁专用型钢护栏研究的意义

对于跨江海缆索承重桥梁来说,护栏的合理设置将有效保护驾乘人员和桥梁主体结构的安全,降低事故严重程度,减少生命及财产损失,对提升桥梁安全运营水平具有重要意义。目前大跨径、轻量化的缆索承重桥梁(斜拉桥和悬索桥)是跨江海桥梁结构形式的发展方向,对运营车辆的安全防护及桥梁结构的保护亦提出了更高要求,而与此类桥型的特殊需求相匹配的桥梁护栏需求越来越多,日渐受到关注,如图1-11所示。

图1-11 缆索承重桥梁上使用的护栏

从实际使用效果来看,桥梁护栏结构造型多样,但防护能力、控制车辆侧倾功能、施工方便性、经济性等综合性能方面参差不齐,不足之处主要体现在以下几个方面:

(1)护栏防护能力与实际使用需求存在一定差距。我国早期跨江海缆索承重桥梁采用的护栏大部分是按照当时的设计规范进行设计修建[护栏最高防护等级为六(SS)级,防护能量为520kJ],而通过总结桥梁护栏的使用效果(坠桥事故较多)及对交通安全的高度重视,为了提高桥梁段运营安全,《公路交通安全设施设计规范》(JTG D81—2017)和《公路交通安全设施设计细则》(JTG/T D81—2017)对跨江海缆索承重桥梁护栏防护能力提出更高要求[防护等级为八(HA)级、防护能量为760kJ],因此现有部分桥梁护栏防护能力与实际使用需求存在一定差距,如图1-12所示。

图1-12 部分桥梁护栏防护等级较低

（2）护栏控制车辆侧倾功能未得到充分重视。《高速公路护栏安全性能评价标准》(JTG/T F83-01—2004)和《公路护栏安全性能评价标准》(JTG B05-01—2013)为先后颁布的护栏安全性能评价类规范。其中，已废止的《高速公路护栏安全性能评价标准》(JTG/T F83-01—2004)中完全没有体现车辆侧倾值的相关信息，但通过总结研究车辆碰撞桥梁缆索、桥墩、标志立柱等构筑物的大量交通事故，为了更好指导护栏的工程设计与应用，《公路护栏安全性能评价标准》(JTG B05-01—2013)中要求护栏实车足尺碰撞试验检测报告中，在记录护栏最大横向动态变形值(D)和护栏最大横向动态位移外延值(W)的基础上，还需记录车辆最大动态外倾值($Ⅵ$)和车辆最大动态外倾当量值($Ⅵ_n$)的数据。然而，虽然《公路护栏安全性能评价标准》(JTG B05-01—2013)中体现了该部分内容，但现有桥梁护栏中大部分不具备有效控制车辆侧倾的功能(图1-13)，此情况未得到充分重视，对桥梁缆索承重结构的安全带来一定威胁。

（3）护栏结构形式选取及基础设置不合理。在跨江海缆索承重桥梁中，所采用的桥梁护栏结构形式和基础设置方式较为多样。然而，从减少风荷载对桥梁影响角度来看，部分护栏形式（如混凝土护栏）采用较高范围内呈面状设置，增加了承风面积与桥梁所受横向风荷载的不利影响；从桥面板保护角度来看，部分护栏形式（如混凝土护栏）被车辆碰撞后基本不变形，桥面板所承受的荷载作用相对较大，易造成桥面板破坏(图1-14)，以及部分护栏（如金属梁柱式护栏）立柱直接栓接于桥面上，碰撞过程中易对桥面板产生集中荷载破坏，威胁桥梁主体结构安全。

图1-13 车辆碰撞过程中侧倾量较大　　　　　　　　图1-14 碰撞荷载造成桥面板损坏

（4）护栏材料用量过大及工艺过于复杂。现有桥梁护栏即便达到高防护等级和良好控制侧倾功能的效果，但为了提高护栏结构强度，存在设计不合理的情况，没有充分发挥结构及构件特性，护栏材料用量过多导致建设成本大幅增加，经济性差且增加了桥面永久荷载；同时，为了追求个性化特殊造型，采用大量的非标准构件，给护栏结构加工安装及后期维护带来较大困难，且材料浪费较多及造价较高。

综合上述分析，结合当前实际工程使用需求，迫切需要一种具有高防护等级、控制车辆侧倾良好、结构轻盈、承风面积小、对桥面板影响小、景观通透、加工及施工方便、造价合理及后期便于维修养护等综合性能的跨江海缆索承重桥梁专用型钢护栏。

1.5　本章小结

　　本书所述的跨江海缆索承重桥梁专用型钢护栏是对现行规范规定的缆索承重桥梁护栏结构形式的有益补充。考虑到我国同类桥梁建设正处于高速发展阶段,对缆索承重桥梁护栏的需求日益增长,本书研究成果若能作为同类桥梁的专用护栏结构,可有效降低应用路段的事故严重程度,提高桥梁防护的安全和质量水平,降低建设造价及后期运营维护成本,社会效益和经济效益显著,意义重大。

第 2 章　金属梁柱式桥梁护栏的结构特点与优越性

本章对桥梁护栏防护等级选取进行介绍,对护栏结构形式进行对比分析,提出满足跨江海缆索承重桥梁使用需求的护栏防护等级与形式,并对其优越性和适用性进行详细阐述。

2.1　桥梁护栏设计防护等级

护栏设计防护等级是指按照设计防护能量或防护速度对公路护栏安全性能划分的等级。2013 年 12 月 1 日实施的《公路护栏安全性能评价标准》(JTG B05-01—2013)和 2018 年 1 月 1 日实施的《公路交通安全设施设计规范》(JTG D81—2017)中将护栏防护等级划分为一(C)级、二(B)级、三(A)级、四(SB)级、五(SA)级、六(SS)级、七(HB)级、八(HA)级共 8 个等级,每个防护等级对应固定的设计防护能量,见表 2-1。其中,护栏设计防护能量是依据车辆碰撞护栏条件(车辆总质量 m、碰撞速度 v、碰撞角度 θ)确定的,即设计防护能量 $E=\frac{1}{2}m(v\sin\theta)^2$。

护栏的防护等级划分　　　　　　　　　　　　　　表 2-1

防护等级	一	二	三	四	五	六	七	八
代码	C	B	A	SB	SA	SS	HB	HA
设计防护能量(kJ)	40	70	160	280	400	520	640	760

对于桥梁护栏来说,设计防护等级可选范围为二(B)级至八(HA)级,且设计防护等级的选取主要从公路等级和设计速度、桥梁护栏外侧的危险物特征等方面进行综合考虑。根据《公路交通安全设施设计规范》(JTG D81—2017)第 6.3.2 条规定:根据车辆驶出桥外或进入对向车行道可能造成的事故严重程度等级,应按表 6.3.2(本书表 2-2)的规定选取桥梁护栏的防护等级,并应符合下列规定:①二级及二级以上公路小桥、通道、明涵的护栏防护等级宜与相邻的路基护栏相同;②公路桥梁采用整体式上部结构时,中央分隔带护栏的防护等级可按路基中央分隔带护栏的条件来确定;③因桥梁线形、桥梁高度、交通量、车辆构成、运行速度或其他不利现场条件等因素易造成更严重碰撞后果的路段,经综合论证,可在表 6.3.2(本书表 2-2)的基础上提高 1 个或以上等级。其中,跨越大型饮用水水源一级保护区和高速铁路的桥梁以及特大悬索桥、斜拉桥等缆索承重桥梁,防护等级宜采用八(HA)级。

桥梁护栏防护等级的选取（对应规范表6.3.2）　　　表2-2

公路等级	设计速度(km/h)	车辆驶出桥外或进入对向车行道的事故严重程度等级	
		高：跨越公路、铁路或饮用水水源一级保护区等路段的桥梁	中：其他桥梁
高速公路	120	六（SS、SSm）级	五（SA、SAm）级
	100、80	五（SA、SAm）级	四（SB、SBm）级
一级公路	60	四（SB、SBm）级	三（A、Am）级
二级公路	80、60	四（SB）级	三（A）级
三级公路	40、30	三（A）级	二（B）级
四级公路	20		

由于斜拉桥和悬索桥等缆索承重桥梁已成为跨江海大型桥梁结构选型的主要方向，从符合规范要求、保护驾乘人员和桥梁主体结构安全角度出发，本书研究的跨江海桥梁护栏设计防护等级确定为八（HA）级。

2.2 桥梁护栏结构形式

目前应用于公路桥梁上的护栏主要包括混凝土桥梁护栏、组合式桥梁护栏和金属梁柱式桥梁护栏3种形式，下面对这3种桥梁护栏结构形式的特点及应用情况进行较为全面、客观的介绍。

2.2.1 混凝土桥梁护栏

混凝土桥梁护栏属于刚性护栏，是一种碰撞时基本不变形的护栏结构，主要通过坡面使车辆爬升（或倾斜）并利用刚度使车辆转向来吸收碰撞能量。

目前，混凝土桥梁护栏按照材料组成主要分为素混凝土桥梁护栏、钢筋混凝土桥梁护栏和玻璃纤维筋混凝土桥梁护栏。素混凝土桥梁护栏由无筋或不配置受力钢筋的混凝土现浇或预制形成，车辆碰撞时护栏易出现脆性断裂现象，造价低，但较难达到高防护等级（图2-1a）；钢筋混凝土桥梁护栏由混凝土和钢筋两种材料组成，属于传统护栏且广泛应用，车辆碰撞时护栏可发挥良好的抗压、抗拉性能，易达到高防护等级（图2-1b）；玻璃纤维筋混凝土桥梁护栏由混凝土和玻璃纤维筋两种材料组成，亦可达到高防护等级，且比钢筋混凝土桥梁护栏质量更轻、造价更经济，且不易锈蚀、便于维护（图2-1c）。

a）素混凝土桥梁护栏　　　　b）钢筋混凝土桥梁护栏

图 2-1

c) 玻璃纤维筋混凝土桥梁护栏

图 2-1　不同材料的混凝土桥梁护栏

混凝土桥梁护栏按照坡面形式分为直壁型、基本型(NJ 型)、基本加强型(新泽西+阻爬坎)、F 型、单坡型、加强型(F 型+阻爬坎)6 种(图 2-2),从客观角度来讲,这几种坡面形式的护栏在具有一定高度并按照设计荷载配筋时,均可达到相应防护等级。根据混凝土桥梁护栏的发展趋势,结合深化研究与实际应用效果,《公路交通安全设施设计细则》(JTG/T D81—2017)中第 6.3.5 条第 2 款规定,混凝土桥梁护栏坡面形式推荐采用 F 型、单坡型和加强型。F 型坡面是基于新泽西坡面进行改进的(也称为改进型坡面),其降低了坡面的缓和程度,这样就降低了车辆内翻的概率,目前这种坡面在国内外应用较多;单坡型坡面主要通过使车辆侧倾增加碰撞过程时间,以达到降低碰撞力的作用,虽然这种坡面曾通过碰撞试验检测,但结构景观效果较为呆板,且通过仿真计算和碰撞试验发现碰撞速度超过 80km/h 时,易发生车辆内翻现象;加强型坡面是在 F 型坡面的基础上增加了阻爬坎,阻爬坎的主要作用为防止小型车过度爬升导致内翻,但结合研究经验发现阻爬坎与新泽西坡面配合是合适的,但 F 型坡面消除了车辆的过度爬升隐患,增加阻爬的作用效果已不明显,现行设计规范中不再要求混凝土桥梁护栏必须使用阻爬坎,而作为可选结构。

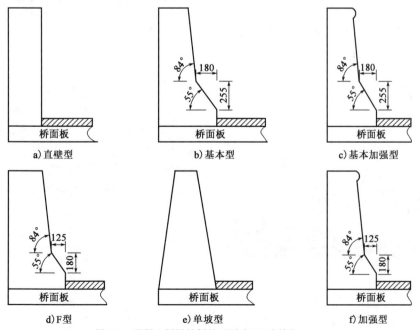

图 2-2　混凝土桥梁护栏坡面形式(尺寸单位:mm)

通过对结构的合理设计,混凝土桥梁护栏(尤其是钢筋混凝土桥梁护栏和玻璃纤维筋混凝土桥梁护栏)易达到高防护等级,拦截失控车辆效果好,安全防护性能可靠,造价较为经济,但桥梁护栏结构自重过大,导致桥梁永久荷载增加,碰撞荷载对桥面板的影响较大,且桥梁护栏在一定高度内呈面状设置,导致承风面积大、景观通透性差、施工作业(需要绑筋、浇筑、养护等工序)周期较长。

2.2.2 组合式桥梁护栏

组合式桥梁护栏是由下部钢筋混凝土结构和上部金属梁柱式型钢结构组合而成,其中下部钢筋混凝土结构多采用基本型(NJ 型)和 F 型坡面,上部金属梁柱式型钢结构可以设计为多种样式(单横梁、双横梁等),如图 2-3a)所示。车辆碰撞过程中,通过利用下部混凝土结构的坡面和刚度、上部金属梁柱式型钢结构的小幅变形来综合吸收碰撞能量,如图 2-3b)所示。

a)基本结构　　　　　　　　　　　　　　b)吸能

图 2-3　组合式桥梁护栏结构与吸能

根据研究经验发现,组合式桥梁护栏合理设计后易达到高防护等级,目前已有一些经过实车足尺碰撞试验验证安全性能可靠的科研技术成果,且在实际工程中应用效果良好,如图 2-4 所示。

图 2-4　组合式桥梁护栏

然而,根据事故统计数据发现,早期建造的一种上部为铸钢立柱和圆管横梁组成的钢结构、下部为新泽西(NJ)型坡面的钢筋混凝土结构的牛角立柱组合式桥梁护栏(图 2-5a)安全防护效果欠佳,车辆坠桥事故时有发生,如图 2-5b)所示。该护栏按照早期公路条件及规范设计,通过实车足尺碰撞试验验证,其可抵抗的最高碰撞能量为 232kJ,难以满足现行规范规定,而防护效果不佳的主要原因是上下结构刚度不匹配,上部钢结构刚度不够且立柱处易发生绊阻,如图 2-5c)所示。

图 2-5 牛角立柱组合式桥梁护栏及事故

针对牛角立柱组合式桥梁护栏结构存在的安全防护问题,结合该护栏在公路桥梁中应用较为广泛的客观情况,从安全、经济、环保角度出发,通过植筋加高和加强上部钢结构的方式对该护栏进行了改造升级,并取得了两种桥梁护栏改造成果,且各项指标均满足《公路护栏安全性能评价标准》(JTG B05-01—2013)要求,防护能力升级达到六(SS)级,已在多个路段进行安全应用,如图 2-6 所示。

 改造

图 2-6 牛角立柱组合式桥梁护栏改造升级

基于上述介绍发现,组合式桥梁护栏通过合理设计可以达到高防护等级,虽然与混凝土桥梁护栏相比,组合式桥梁护栏自重和承风面积有所减小,且景观通透性有所改善,但依然具有进一步提升的空间,且下部混凝土结构需要绑筋、浇筑、养护等工序,施工作业周期相对较长。

2.2.3 金属梁柱式桥梁护栏

金属梁柱式桥梁护栏属于半刚性护栏,由横梁和立柱组成,部分结构设有防阻块和混凝土基座,如图 2-7a)所示。金属梁柱式桥梁护栏结构强度与刚度略低于混凝土桥梁护栏,但高于波形梁护栏,车辆碰撞时利用横梁和立柱产生的小幅变形来吸收碰撞能量,并迫使碰撞车辆改变方向,在有效防护事故车辆的同时,降低了碰撞荷载对桥面板的影响,如图 2-7b)所示。

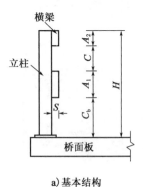
a) 基本结构

b) 吸能

图 2-7 金属梁柱式桥梁护栏结构与吸能

金属梁柱式桥梁护栏按照横梁数量可分为双横梁、三横梁、四横梁和五横梁等类型,图 2-8 所示为金属梁柱式桥梁护栏国内外公路中应用的照片。

a) 双横梁

b) 三横梁

c) 四横梁

d) 五横梁

图 2-8 金属梁柱式桥梁护栏应用

一直以来,对金属梁柱式桥梁护栏结构的研究都在持续开展,且不断深入,并通过横梁与立柱形式的多样化组合,取得了一系列科研成果。通过研究发现,对金属梁柱式桥梁护栏结构进行合理设计后,可达到高防护等级、良好控制车辆侧倾效果、减轻对桥面板影响及更低的建设成本,同时具有结构自重轻、承风面积小、景观通透及便于施工等特点。

2.3 金属梁柱式桥梁护栏的优越性

根据2.2节的详细介绍,发现混凝土桥梁护栏、组合式桥梁护栏和金属梁柱式桥梁护栏这三种桥梁护栏类型,在安全防护性能、控制车辆侧倾、护栏结构自重、承风面积、碰撞荷载对桥面板影响情况、景观通透效果、视线诱导性能、施工方便性及造价经济性等综合性能方面各有利弊。

表2-3为相同防护等级条件下三种类型桥梁护栏综合性能对比情况,可以看出,在满足规范要求的防护能力基础上,与混凝土桥梁护栏相比,金属梁柱式桥梁护栏自体结构质量更轻(可减小桥梁永久荷载)、承风面积更小(可减少横向风荷载对桥梁的作用)、碰撞荷载对桥面板影响更小(结构可变形消能保护桥面板)、更加美观通透(提升公路桥梁整体美观性)、施工更方便快捷,视线诱导效果更优;与组合式桥梁护栏相比,金属梁柱式桥梁护栏在结构自重、承风面积、碰撞荷载对桥面板影响、景观通透及施工效率方面也具有明显优势,此外,金属梁柱式桥梁护栏造价方面,可通过合理设计达到更加经济的目标。

相同防护等级条件下,不同类型桥梁护栏综合性能对比表　　表2-3

性　能	类　型		
	金属梁柱式桥梁护栏	组合式桥梁护栏	混凝土桥梁护栏
同等级条件下安全防护性能	☆	☆	☆
控制车辆侧倾效果	☆	☆	☆
护栏结构自重	☆	○	○
承风面积(风荷载作用)	☆	○	○
碰撞荷载对桥面板影响情况	☆	○	○
景观通透效果	☆	○	○
视线诱导性能	☆	☆	○
施工方便性及作业高效性	☆	○	○
造价经济性	○	○	☆

注:☆为最好的护栏形式;○为一般适用的护栏形式。

因此,合理设计的金属梁柱式桥梁护栏集安全、轻质、通透、视线诱导、施工方便快捷及造价合理等优点于一体,优越性显著。

2.4 金属梁柱式桥梁护栏对跨江海缆索承重桥梁的适用性

根据跨江海缆索承重桥梁对桥梁护栏的特殊需求(详见1.3节)和当前普遍存在问题(详见1.4节),认识到跨江海缆索承重桥梁需要设计的护栏具备高防护等级、控制车辆侧倾良好、结构轻盈、承风面积小、桥面板影响小、景观通透、加工及施工方便、后期便于维修养护及造价合理等特点,下面结合优越性显著的金属梁柱式桥梁护栏特点及相关设计规范要求,详细分析金属梁柱式桥梁护栏对跨江海缆索承重桥梁的适用性。

(1)金属梁柱式桥梁护栏符合缆索承重桥梁对高防护等级的要求。

基于对道路使用者的安全防护,在桥梁护栏形式选择时,《公路交通安全设施设计规范》(JTG D81—2017)中第6.3.3条第1款规定:"所选取的护栏形式在强度上必须能有效吸收设计碰撞能量,阻挡小于设计碰撞能量的车辆越出桥外或进入对向车行道并使其正确改变行驶方向"。由于跨江海缆索承重大型桥梁护栏防护能力一般需达到八(HA)级[图2-9为经过试验验证达到六(SS)级的某金属梁柱式桥梁护栏,可以看出护栏防护性能可靠且具有较高的安全储备],结合多年的护栏研发经验,金属梁柱式桥梁护栏结构通过合理设计具备达到八(HA)级防护能力的要求,以及良好的安全防护效果。

图2-9 某高防护等级金属梁柱式桥梁护栏

(2)金属梁柱式桥梁护栏符合缆索承重桥梁对控制车辆侧倾的要求。

基于对桥梁缆索承重构件的保护,在桥梁护栏形式选择时,《公路交通安全设施设计规范》(JTG D81—2017)中第6.3.3条第2款规定:"桥梁护栏受碰撞后,其最大动态位移外延值(W)或大中型车辆的最大动态外倾当量值(VI_n)不应超过护栏迎撞面与被防护的障碍物之间的距离。桥梁通行的车辆以小客车为主时,可选取小客车的最大动态位移外延值(W)为变形控制指标;桥梁外侧有高于护栏的障碍物时,应选取各试验车辆最大动态外倾当量值(VI_n)中的最大值为变形控制指标;桥梁外侧有低于或等于护栏高度的障碍物时,应选取各试验车辆最大动态位移外延值(W)中的最大值为变形控制指标。"由于车辆碰撞过程中护栏变形及车辆侧倾不应威胁到桥梁缆索承重结构(斜拉索、吊杆等)的安全,结合以往开发的不同防护等级金属梁柱式桥梁护栏的防护效果(图2-10),可见金属梁柱式护栏在控制护栏变形和车辆侧倾方面表现较为优异,通过合理结构设计使其具备保护桥梁缆索承重构件的能力。

(3)金属梁柱式桥梁护栏符合缆索承重桥梁对减轻桥梁荷载、桥面板保护及景观通透的要求。

由于缆索承重桥梁要求所设置的桥梁护栏可减轻桥梁荷载、桥面板保护且景观效果通透,金属梁柱式桥梁护栏则在结构轻盈(比混凝土桥梁护栏重量减小约50%)、承风面积小(比混凝土桥梁护栏承风面积降低约40%)、景观通透等方面具有显著优势,且基础的合理设计可有效降低对桥面板的影响;同时,《公路交通安全设施设计规范》(JTG D81—2017)中第6.3.3条第 3 款规定:"对景观有特殊要求的桥梁宜选用金属梁柱式护栏或组合式护栏";第 4 款规定"需要减小桥梁自重、减轻车辆碰撞荷载对桥面板的影响时,宜采用金属梁柱式护栏"。可见,金属梁柱式护栏可满足缆索承重桥梁的相关需求。

a) 某SA级梁柱式桥梁护栏试验结果　　　　　　b) 某HA级梁柱式桥梁护栏试验结果

图 2-10　金属梁柱式桥梁护栏变形与车辆侧倾效果示例

(4) 金属梁柱式桥梁护栏施工方便,后期易维护且造价经济合理。

桥梁护栏形式选择时,《公路交通安全设施设计规范》(JTG D81—2017)中第 6.3.3 条第 5 款规定:"除考虑护栏的初期建设成本外,还应考虑投入使用后的养护成本,包括常规养护、事故养护、材料储备和养护方便性等"。由于金属梁柱式桥梁护栏为横梁和立柱构件组成的型钢结构,其维修养护过程中,构件工厂加工完成后的现场安装十分快捷,对公路运营影响较小,且护栏单元构件尺寸合理,便于储存与运输;同时,金属梁柱式桥梁护栏通过合理设计,在达到良好综合性能的基础上,具有实现造价更加经济合理的潜力。

由上可知,金属梁柱式桥梁护栏结构形式完全符合跨江海大型缆索承重桥梁的使用需求,具有良好的适用性。

2.5　本章小结

本章针对跨江海缆索承重桥梁的特殊需求,结合相关标准规范规定,通过详细对比与分析,提出设置防护能力达到八(HA)级的金属梁柱式桥梁护栏最为合适,为同类桥型的护栏防护等级与结构形式选取提供了参考。

第3章　梁柱式型钢桥梁护栏设计方法

本章主要介绍梁柱式型钢桥梁护栏设计常用的两种方法,一种是基于经验和理论计算,可进行护栏基本构造与结构强度的初步设计;另一种是基于有限元方法的计算机仿真模拟技术,可求解车辆碰撞护栏的复杂动力学物理过程,是进行护栏结构迭代优化设计、安全性能评价及适应性评价的有力工具。

3.1　基于经验和理论计算

基于经验和理论计算可对梁柱式型钢护栏进行初步结构设计。下面主要介绍梁柱式型钢护栏的基本构造设计、设计荷载与分布长度、护栏构件的设计程序及桥面悬臂板设计等内容。

3.1.1　基本构造设计

3.1.1.1　护栏有效高度

桥梁护栏不但要有足够的高度阻挡车辆越过,而且应阻止车辆向护栏外倾翻或下穿。过去认为护栏的有效高度就是护栏最顶面的高度,但在梁柱式护栏系统和组合式护栏系统中,护栏的抗力 R 通常不是位于护栏的最顶面,而是略低处,因此将桥梁护栏的有效高度定为护栏抵抗力 R 距桥面的高度,且在考虑护栏高度对车辆倾覆的影响时,护栏的有效高度比护栏总高度更为重要。从车辆碰撞护栏的事故中发现,很多护栏被车辆翻越,不是护栏强度不足,而是护栏有效高度不够。

桥梁护栏的有效高度与设计车型直接相关。世界各国生产的汽车五花八门,从大吨位的重型汽车到重量很小的微型汽车,其质量相差非常悬殊,车辆外形变化很大,但对某一种具体车型,如小汽车或货车,各国对其外形尺寸都有一定的限制。并且,随着各国市场的对外开放和国际标准化,各国对车型的规定也将大致相近,所以我们可以参考国外对桥梁护栏有效高度的规定。

美国根据车辆与护栏碰撞试验分析和野外统计调查得出护栏的有效高度见表 3-1 和表 3-2。英国规定桥梁护栏的最小高度为 100cm,主要纵向有效构件(有效高度)的范围是 53.5~68.5cm,次要纵向有效构件的最大高度为 38.5cm。日本桥梁护栏标准规定主要横梁的中心高度范围是 60~80cm,一般取值均大于 70cm,主要横梁下面的次要横梁的高度为 25~55cm。日本是以货车为主的国家,欧美国家则小汽车占绝对多数(日本的小汽车保有量占 40%,货车占 60%,欧美国家小汽车保有量占 85%~93%),但从桥梁护栏的高度应同时适合小汽车和货车的碰撞条件出发,各国对桥梁护栏有效高度的规定是相近的。

防撞等级与有效高度的关系   表 3-1

防撞等级	B	A	SB、SA	SA、SS
有效高度(m)	<0.68	0.68~0.86	>0.86	>0.86

防止车辆倾翻所要求的护栏有效高度   表 3-2

车　型	碰撞条件	最小有效高度(cm)
817~2043kg 小汽车	$v=96\mathrm{km/h},\theta=25°$	61.0
9080kg 轿车	$v=96\mathrm{km/h},\theta=25°$	86.3
14530kg 公共汽车	$v=96\mathrm{km/h},\theta=25°$	76.2

梁柱式型钢桥梁护栏的高度应大于或等于车辆抗倾覆荷载的有效高度,护栏与车辆的关系如图 3-1 所示,车辆抗倾覆荷载的有效高度为:

$$H_e = G - \frac{WBg}{2F_t} \tag{3-1}$$

式中:G——配载后试验用标准车辆重心距桥面板的高度(m),可根据《公路护栏安全性能评价标准》(JTG B05-01—2013)的相关规定得到;

W——对应于所需要的防护等级的配载后试验用标准车辆的质量(kg),可根据《公路护栏安全性能评价标准》(JTG B05-01—2013)的相关规定得到;

B——轮胎最外侧立面之间的距离(m),可根据《公路护栏安全性能评价标准》(JTG B05-01—2013)的相关规定得到;

g——重力系数,$g=9.8\mathrm{N/kg}$;

F_t——对应于所需要的防护等级的横向荷载(N)。

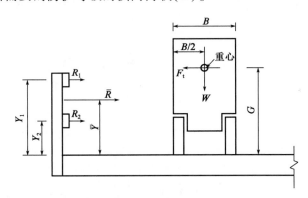

图 3-1　桥梁护栏与车辆的关系示意图

护栏构件的设置应满足下列条件:

$$\bar{R} \geqslant F_t \tag{3-2}$$

$$\bar{Y} \geqslant H_e \tag{3-3}$$

其中:

$$\bar{R} = \sum R_i \tag{3-4}$$

$$\bar{Y} = \frac{\sum R_i Y_i}{\bar{R}} \tag{3-5}$$

式中：R_i——横梁的承载能力(N)；

Y_i——第 i 根横梁距桥面板的距离(m)。

上述公式可用来合理预测护栏的有效高度，以避免翻车。如果在 H_e 处的设计荷载介于护栏构件之间，则该荷载将按比例分布到上下的护栏构件上，以保证 $\overline{Y} \geqslant H_e$。

车辆抗倾覆荷载的有效高度公式计算的结果，还要与试验数据和已有护栏的使用经验进行校验。

3.1.1.2 横梁及立柱布置

梁柱式型钢桥梁护栏的典型结构如图 3-2 所示，护栏底部横梁距路面的距离 C_b、立柱的退后距离 S、横梁之间的净距 C 应满足以下要求：①横梁与车辆接触的总高度 ΣA 不应小于护栏总高度的 25%；②与立柱的退后距离 S 对应的横梁间净距 C 宜位于图 3-3a)所示阴影区内或以下；③与立柱的退后距离 S 对应的横梁总高度之和与立柱高度之比（$\Sigma A/H$）宜位于图 3-3b)所示的阴影区内或以上。

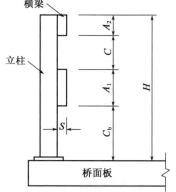

图 3-2 梁柱式型钢桥梁护栏结构示例

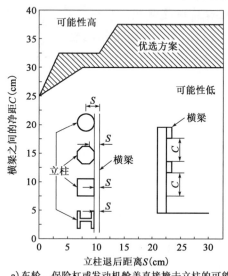

a) 车轮、保险杠或发动机舱盖直接撞击立柱的可能性

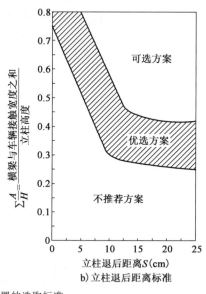

b) 立柱退后距离标准

图 3-3 桥梁护栏构件规格和设置的选取标准

对于立柱的退后距离来说，桥梁护栏的横梁正面比立柱还靠近行车道一侧的突出式结构称为阻挡式护栏，如图 3-4 所示。为防止车辆与护栏碰撞时车辆翻倒或被护栏绊阻，要求车辆与护栏的接触点（称为力的作用点）向下不能有太大的移动。但在图 3-4 所示的非阻挡式护栏被车辆碰撞时，随着护栏的变形，力的作用点向下方移动，所以认为非阻挡式护栏比阻挡式护栏翻车的可能性更大，车辆更容易被护栏立柱绊阻。其结果是车辆翻倒，并由于翻

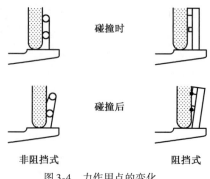

图 3-4 力作用点的变化

诱发损坏立柱,或车辆被立柱绊阻,不能沿护栏面平滑地改变方向,从而降低护栏的防撞性能。由此可见,在预防翻车及车辆与立柱碰撞方面,可以说阻挡式护栏比非阻挡式护栏性能更优良。再者,为降低碰撞翻车的可能性,上部横梁宜比下部横梁略微突出,具体参照英国和日本的标准规定。有关横梁的突出量(即立柱的退后距离)规定见桥梁护栏竖向净空的说明。

对于桥梁护栏的竖向净空来说,在梁柱式桥梁护栏系统中,竖向净空设计不合适常引起车辆绊阻。车辆绊阻的类型有前轮绊阻、保险杠绊阻、车前盖绊阻。引起车辆绊阻的护栏构件有立柱和横梁。影响车辆绊阻的因素很多,包括横梁的竖向净空、横梁的突出量(即立柱的退后距离)、横梁的形式、护栏系统的刚度和碰撞条件,如图3-5所示。目前还没有从理论上对车辆绊阻进行定量分析的方法,但从大量的试验资料、现场调查和车辆外形尺寸统计分析得出,车辆绊阻桥梁护栏的竖向净空和立柱的退后距离有联系。很明显,立柱的退后距离越大,横梁的竖向净空越小,车辆发生绊阻的可能性越小。英国对立柱退后距离的规定是,一般服务水平(防撞等级接近A级的PL2级)的桥梁护栏立柱退后距离最小值是150mm,低服务水平(B级)的桥梁护栏立柱退后距离的最小值是100mm,最大竖向净空是310mm。

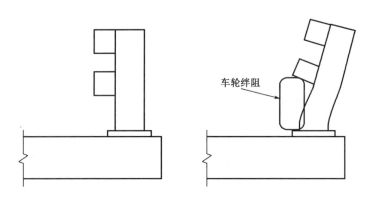

图3-5 横梁净空过大引起车轮绊阻

3.1.2 设计荷载与分布长度

所有荷载应施加于纵向横梁构件。纵向荷载立柱的分布应符合横梁构件的连续性;横向荷载的分布应与护栏系统假定的破坏机理相一致。梁柱式型钢桥梁护栏结构试件应按承载能力极限状态法进行设计。试验构件所承受的荷载如图3-6所示,数值如下。

(1)横向碰撞荷载F_t和分布长度L_t:F_t为偶然荷载,作用方向与护栏面垂直。汽车横向碰撞荷载标准值见表3-3。

(2)纵向碰撞荷载F_L和分布长度L_L:F_L为偶然荷载,作用方向与护栏面平行,数值为$F_t/3$;L_L长度同L_t。

(3)竖向碰撞荷载F_v和分布长度L_v:F_v为偶然荷载,作用方向为垂直向下,数值为车辆重力;L_v为车辆长度。

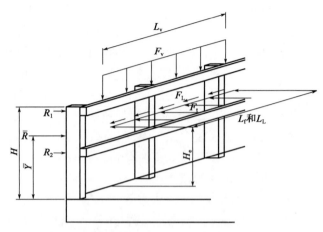

图 3-6　梁柱式型钢桥梁护栏的设计荷载、竖向位置及水平分布长度

桥梁护栏的汽车横向碰撞荷载标准值　　　　　　　　　表 3-3

防护等级	代　码	标准值(kN)		分布长度(m)
		$Z=0\text{m}$	$Z=0.3\sim0.6\text{m}$	
一	C	70	55～45	1.2
二	B	95	75～60	1.2
三	A	170	140～120	1.2
四	SB	350	285～240	2.4
五	SA	410	345～295	2.4
六	SS	520	435～375	2.4
七	HB	650	550～500	2.4
八	HA	720	620～550	2.4

注：Z 是桥梁护栏的容许变形量。

各类荷载分项系数、荷载组合值系数等应按现行《公路桥涵设计通用规范》(JTG D60)的规定采用，其中横向和纵向荷载不应和竖向荷载进行组合。

3.1.3　护栏构件的设计程序

破坏条件下梁柱式护栏的设计应使用非弹性的分析方法，梁柱式护栏可能的破坏模式如图 3-7 所示。

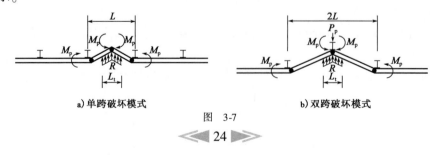

a) 单跨破坏模式　　　　　　　　　b) 双跨破坏模式

图 3-7

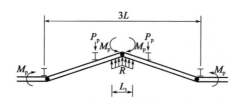

c) 三跨破坏模式

图 3-7 梁柱式护栏可能的破坏模式

（1）当破坏模式中未包含端部立柱时，对各种跨数的护栏，其临界公称抗力 R 应为式(3-6)和式(3-7)中的最小值。

①破坏模式包含奇数跨 N 时：

$$R = \frac{16M_p + (N-1)(N+1)P_pL}{2NL - L_t} \tag{3-6}$$

②破坏模式包含偶数跨 N 时：

$$R = \frac{16M_p + N^2 P_p L}{2NL - L_t} \tag{3-7}$$

式中：L——柱距，即一跨的长度(m)；

N——横梁跨数；

M_p——构成塑性铰的所有横梁的非弹性屈服线弯曲承载力矩(kN·m)；

P_p——与 M_{post} 对应的单根立柱承受的剪力，位于桥面板上方的 $\overline{Y}$ 处(kN)，M_{post} 为单根立柱的塑性弯曲承载力矩(kN·m)；

R——护栏的总极限抗力，即公称抗力(kN)；

L_t——车辆碰撞荷载 F_t 的分布长度(m)。

（2）对引起端部立柱破坏的横梁端部的碰撞来说，对任意数量的横梁跨数 N，临界的护栏公称抗力 R 应按式(3-8)计算：

$$R = \frac{2M_p + 2P_pL(\sum_{i=1}^{N} i)}{2NL - L_t} \tag{3-8}$$

式中：i——跨数。

端部立柱必须能承受横梁的剪力。对多横梁系统，每一根横梁均对图 3-7 所示的屈服机理产生影响，其大小取决于纵向位置的转动情况。如最底层横梁一般情况下不会发生屈服破坏，因此在计算护栏的总极限抗力时，可以忽略不计。

主要横梁和立柱规格确定后，还应完成的工作包括：完成顶部横梁和立柱的连接设计，以承受竖向荷载和偏心荷载引起的弯矩；检查纵向碰撞荷载下横梁和立柱的连接情况；承受立柱塑性弯矩的柱脚设计，包括立柱与法兰盘的连接、法兰盘和地脚螺栓的设计等。

3.1.4 桥面悬臂板设计

桥面悬臂板的设计应分别考虑下列极限状态：

①状态Ⅰ：3.1.2 节对应的横向和纵向碰撞荷载作为偶然荷载的承载能力极限状态。

②状态Ⅱ：3.1.2 节对应的竖向碰撞荷载作为偶然荷载的承载能力极限状态。

③状态Ⅲ：根据现行《公路桥涵设计通用规范》(JTG D60)规定的作用于悬臂梁上的汽车

荷载等作为可变荷载的承载能力极限状态。

④状态Ⅰ和状态Ⅱ,恒载的荷载系数应取为1.0。

支撑梁柱式护栏的桥面板应分别考虑下列极限状态：

(1)悬臂板受力计算

状态Ⅰ。单位长度的弯矩 M_d 和桥面板单位长度的张拉力 T,可表示为:

$$M_d = \frac{M_{post}}{W_b + d_b} \tag{3-9}$$

$$T = \frac{P_p}{W_b + d_b} \tag{3-10}$$

状态Ⅱ。冲击剪力 P_v 和悬臂板所受弯矩 M_d 可表示为:

$$P_v = \frac{F_v L}{L_v} \tag{3-11}$$

$$M_d = \frac{P_v X}{b} \tag{3-12}$$

其中:

$$b = 2X + W_b \leqslant L \tag{3-13}$$

式中:M_{post}——单根立柱的塑性受弯承载能力(kN·m);

P_p——与 M_{post} 相应的单根立柱所受的剪力,位于桥面板的上方 $\overline{Y}$ 处(kN);

X——如图3-8所示,从立柱底板外边缘到研究断面之间的距离(m);

W_b——底板的宽度(m);

T——桥面板的张拉力(kN/m);

d_b——从底板的外边缘到螺栓最内侧一行的距离(m),如图3-8所示;

L——立柱的间距(m);

L_v——护栏顶部竖向荷载 F_v 的纵向分布长度(m);

F_v——碰撞荷载 F_t 和 F_L 结束后护栏顶部所受的车辆竖向荷载(kN)。

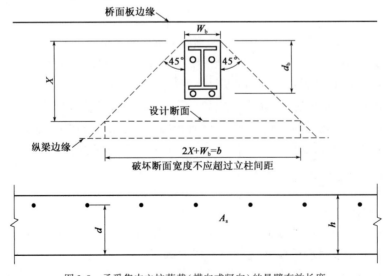

图3-8 承受集中立柱荷载(横向或竖向)的悬臂有效长度

车辆对梁柱式护栏系统的碰撞,如带有宽翼缘或圆管立柱的金属梁柱式护栏系统,将在立柱附着在桥面板的位置产生很大的集中荷载和弯矩。美国桥梁设计规范以前的版本采用了简化的分析方法将护栏或立柱荷载分配到桥面板上,例如,抵抗立柱荷载的桥面板有效长度应为:没有设置矮墙的桥面板有效长度 $E=0.8x+3.75\text{ft}$;设置矮墙的桥面板有效长度 $E=0.8x+5.0\text{ft}$,式中 x 为从立柱中心到调查点的距离,单位为 ft。

(2)对冲击剪力的抗力

状态 I。冲击剪力可取为:

$$V_u = A_f F_y \tag{3-14}$$

桥面板悬臂对冲击剪切的抗力可取为:

$$V_r = \Phi V_n \tag{3-15}$$

$$V_n = v_c \left[W_b + h + 2\left(E + \frac{B}{2} + \frac{h}{2}\right) \right] h \tag{3-16}$$

$$v_c = \left(0.166 + \frac{0.332}{\beta_c}\right)\sqrt{f'_c} \leqslant 0.332\sqrt{f'_c} \tag{3-17}$$

$$\frac{B}{2} + \frac{h}{2} \leqslant B \tag{3-18}$$

其中:

$$\beta_c = \frac{W_b}{d_b}$$

式中:V_u——在截面处带分项系数的剪力(N);

A_f——立柱受压翼缘板的面积(m^2);

F_y——立柱受压翼缘板的屈服强度(MPa);

V_r——抗力(N);

V_n——所考虑截面的公称抗剪能力(N);

v_c——混凝土中由拉应力提供的公称抗剪能力(MPa);

W_b——底板的宽度(m);

h——桥面板的厚度(m);

E——从桥面板的边缘到立柱的压应力合力作用点之间的距离(m);

B——立柱的拉力作用点和压应力合力作用点之间的距离(m);

β_c——集中荷载或反应区的长边与短边之比;

f'_c——混凝土轴心抗压强度标准值(MPa);

Φ——抗力系数,取值为 1.0;

d_b——从底板的外边缘到螺栓最内侧一行的距离(m)。

冲击剪力假定的荷载分布如图 3-9 所示。

混凝土桥面板通常由于立柱受压翼缘板中的荷载 C 导致冲击剪力而引起破坏。要提供适当的厚度 h、边距 E 或底板规格(W_b 或 B 或厚度),来防止这类破坏。试验结果和使用经验表明,在发生桥面板破坏处,破坏模式一直是冲剪式破坏,并丧失了混凝土和钢筋之间的结构整体性。采用各类抗剪钢筋可提高立柱和桥面板之间连接的极限强度,但不能有效减少剪力、斜向拉力或桥面板的裂缝。通过增加桥面板的厚度、底板宽度和厚度或边距,可增加剪力承载能力。

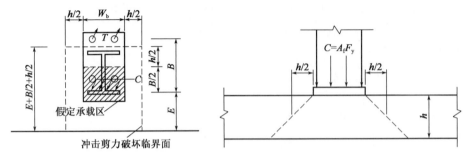

图 3-9　冲击剪力破坏模式

3.2　基于有限元方法的计算机仿真模拟技术

在梁柱式型钢桥梁护栏设计中,可以采用计算机仿真模拟技术对其构件型号、结构布置、连接方式等做进一步的迭代优化及安全性能评价,从而得到最优的护栏结构。下面从计算机仿真模拟技术的可靠性、成熟性及先进性三个方面进行详细介绍。

3.2.1　计算机仿真模拟技术的可靠性

由于计算机仿真模拟技术应用的关键在于"真实",而模型的可靠性和多种参数的合理设置有关,任何一个细节处理不当都有可能造成计算结果的"失真",故仿真模型需要通过试验验证其可靠性。

鉴于本书以八(HA)级梁柱式型钢桥梁护栏为主要研究对象,仿真模型建立过程中,根据《公路护栏安全性能评价标准》(JTG B05-01—2013)中规定的试验车辆类型,按照实际车辆的质量、重心位置和基本尺寸建立1.5t小型客车、25t特大型客车、40t大型货车、55t鞍式列车的仿真模型,如图3-10所示。图3-11为建立的八(HA)级梁柱式型钢桥梁护栏仿真模型。

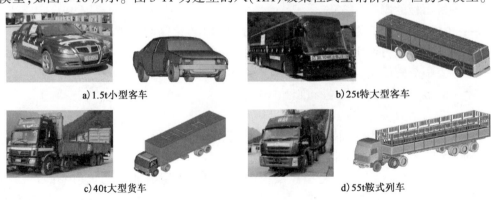

a) 1.5t小型客车　　　　　　　　　　　　b) 25t特大型客车

c) 40t大型货车　　　　　　　　　　　　d) 55t鞍式列车

图 3-10　车辆仿真模型

图 3-11 八(HA)级梁柱式型钢桥梁护栏仿真模型

根据八(HA)级梁柱式型钢桥梁护栏碰撞过程仿真模拟与实车试验对比结果,可以看出每种车型仿真模拟与实车试验的行驶姿态基本相同(图 3-12),且车辆碰撞后护栏整体变形情况相似(图 3-13),从车辆行驶姿态和护栏变形角度验证了仿真模型的准确性和可靠性。

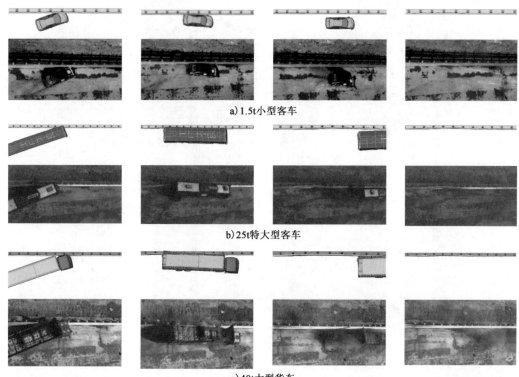

a) 1.5t 小型客车

b) 25t 特大型客车

c) 40t 大型货车

图 3-12

d) 55t鞍式列车

图3-12　八(HA)级梁柱式型钢桥梁护栏碰撞过程仿真模拟与实车试验对比

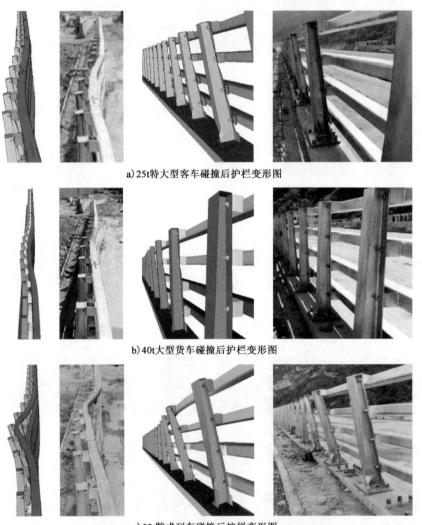

a) 25t特大型客车碰撞后护栏变形图

b) 40t大型货车碰撞后护栏变形图

c) 55t鞍式列车碰撞后护栏变形图

图3-13　八(HA)级梁柱式型钢桥梁护栏变形仿真模拟与实车试验对比

对于梁柱式型钢桥梁护栏所涉及的型钢结构和混凝土基座,在相关护栏成果开发过程中对仿真模型的可靠性进行验证。图3-14为组合式桥梁护栏(上部为双横梁梁柱式型钢结构)结构破坏仿真模拟与实车试验结果对比,可以看出上部钢结构的变形及连接处损坏情况仿与试验结果基本一致;图 3-15 为钢筋混凝土护栏结构破坏仿真模拟与实车试验结果对比,可以看出钢筋混凝土护栏墙体表面裂纹及损坏情况仿真与试验结果基本一致。可见,计算机仿真模型具有较高的准确性和可靠性。

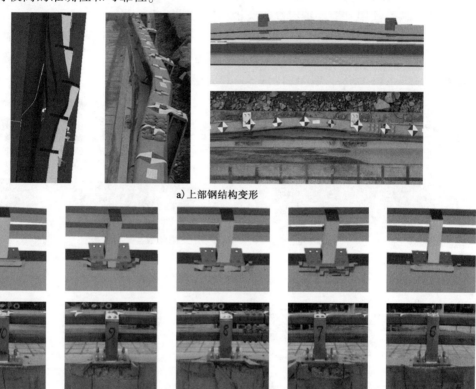

a) 上部钢结构变形

b) 基座连接处损坏

图 3-14 组合式桥梁护栏结构破坏仿真模拟与实车试验结果对比

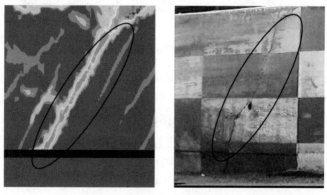

图 3-15 钢筋混凝土护栏结构破坏仿真模拟与实车试验结果对比

3.2.2 计算机仿真模拟技术的成熟性

随着我国软硬件水平的不断提升,计算机仿真模拟技术已成为一项重要的科研手段,其在公路安全设施研发过程中也是不可或缺的。大量科研项目实践表明,通过可靠的仿真技术进行结构优化的防护设施均一次性通过实车碰撞试验验证,且试验结果和计算模拟结果基本一致;同时,通过可靠的仿真技术进行安全性能评价的防护设施在实际运营中取得了良好防护效果,有效提高了道路的安全运营水平,可见计算机仿真模拟技术成熟度较高。

1)跨越铁路及饮用水源保护区高等级护栏防护体系专项设计研究

在广东省"跨越铁路及饮用水源保护区高等级护栏防护体系专项设计研究"项目中,采用高精度计算机仿真模型进行护栏研究开发(图3-16和图3-17),成功开发出跨铁路桥梁护栏、跨饮用水源保护区桥梁组合式护栏,防护等级均达到八(HA)级。

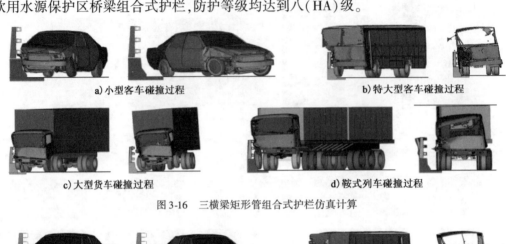

a)小型客车碰撞过程　　　　　　　　b)特大型客车碰撞过程

c)大型货车碰撞过程　　　　　　　　d)鞍式列车碰撞过程

图3-16　三横梁矩形管组合式护栏仿真计算

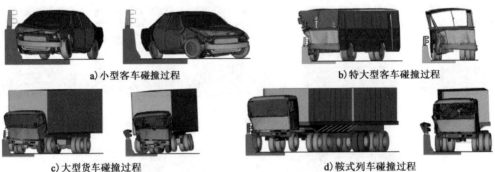

a)小型客车碰撞过程　　　　　　　　b)特大型客车碰撞过程

c)大型货车碰撞过程　　　　　　　　d)鞍式列车碰撞过程

图3-17　双横梁矩形管组合式护栏仿真计算

该成果现已在云湛高速公路化州至湛江段茂湛铁路跨线桥主桥段上跨茂湛铁路、后山中桥及四联河中桥上跨四联河、雷州青年运河大桥跨越雷州青年运河主河、西海河大桥跨越西海河二级保护水资源的路段应用。经实践检验,桥梁护栏安全可靠,能够对失控车辆起到有效的拦截和导向作用,降低事故损失,并能对抛洒物起到有效的拦截和收集作用,降低了事故产生的危害,具有显著的社会、经济效益。同时,研究成果得到了交通主管部门认可,并大面积应用,已形成《广东省高速公路跨饮用水源保护区路段高防护等级桥梁护栏参考图》研究成果,并经广东省交通运输厅发布。

2)中分带桥墩防护安全性能提升专题研究

在山东省"济青高速公路改扩建工程中分带桥墩防护安全性能提升专题研究"项目中,结合实际工程桥墩具体情况,提出桥墩安全防护提升设计方案,并建立高精度计算机仿真模型,对设计方案的各项安全性能指标,包括阻挡功能、缓冲功能、导向功能及减小车辆外倾功能进行系统评估,如图3-18所示。目前,研究成果现已在济青高速公路全线应用,取得良好效果,如图3-19所示。

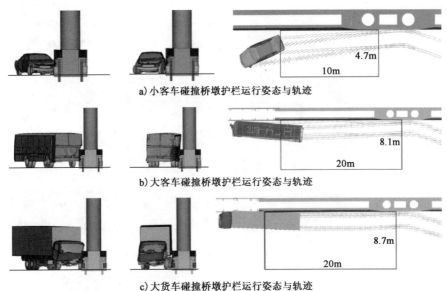

a) 小客车碰撞桥墩护栏运行姿态与轨迹

b) 大客车碰撞桥墩护栏运行姿态与轨迹

c) 大货车碰撞桥墩护栏运行姿态与轨迹

图3-18 桥墩防护仿真计算

图3-19 桥墩防护研究成果应用

3.2.3 计算机仿真模拟技术的先进性

为了更好地贴合实际,解决复杂多样的交通安全问题,当前已基于公路现有实际运营车辆类型,建立了小型客车、中大型客车、中型货车、大型货车及重型拖头车等多种车辆的仿真模型(表3-4),并通过整车和零部件各项测试对车辆模型进行校核与验证,使车辆模型具有准确性、稳定性及有效性。计算机仿真模拟技术因其具有费用低、效率高等特点,已成为护栏设施研发的先进技术手段,贯穿于护栏的结构设计、结构优化及安全性能评价等过程中,得到越来越多的重视。

已建立和测试验证的车辆仿真模型   表 3-4

车辆类型	车辆模型
小型客车	
中大型客车	
中型货车	
大型货车	
重型拖头车	

3.3 本章小结

本章较为详细地介绍了梁柱式型钢桥梁护栏设计主要采用的两种方法(基于经验和理论计算和基于有限元方法的计算机仿真模拟技术),可以为梁柱式型钢桥梁护栏的结构设计、优化及安全性能评价提供一定的指导。

第4章　公路护栏安全性能评价方法

目前国际上通用的护栏安全性能评价方法为实车足尺碰撞试验,且我国《公路护栏安全性能评价标准》(JTG B05-01—2013)中第1.0.3条规定"公路护栏安全性能应采用实车足尺碰撞试验进行评价"。因此,为了更好地完成跨江海缆索承重桥梁专用型钢护栏的开发,对实车足尺碰撞试验的试验系统、试验组织及试验数据分析等内容进行详细介绍。

4.1　实车足尺碰撞试验简介

实车足尺碰撞试验是指通过加速设备,将满足一定质量、几何尺寸、重心位置等技术参数要求的试验车辆加速至规定的碰撞速度,以规定的碰撞角度与试验护栏碰撞,根据观测的车体重心处加速度、护栏损坏变形情况、车辆运行轨迹姿态等数据判断护栏安全性能指标是否满足要求。实车足尺碰撞试验过程中有较大的危险性和不可预见性,必须在具有中国合格评定国家认可委员会的实验室认可证书(CNAS)和中国计量认证证书(CMA)的国家授权的法定碰撞试验场进行,以确保试验检测的安全性、真实性和合法性。

4.2　实车足尺碰撞试验系统

实车足尺碰撞试验系统主要由碰撞广场、试验车辆加速系统和试验检测设备三部分组成。

4.2.1　碰撞广场

碰撞广场是试验护栏安装、试验车辆运行和试验数据采集检测的场地,场地应宽阔平坦,路面应符合公路路面平整度和粗糙度要求,且不得有积水、冰、雪,以及影响车辆运行的障碍物。图4-1所示为目前国内具有检测资质的实车足尺碰撞试验场的碰撞广场照片。

4.2.2　试验车辆加速系统

如何将试验车辆加速到规定的碰撞速度,并在指定位置、以规定的角度与试验护栏相撞,是实现碰撞试验的关键。由于碰撞试验具有一定程度的不可预见性与危险性,所以一般不采用驾驶员驾驶车辆。有的碰撞试验采用无人驾驶遥控技术,但其对试验车辆的动力性和自动控制性能要求很高。因此,目前主要采用来自试验车辆以外的其他动力进行加速,世界各国所采用的车辆加速方法有直流电机牵引、液压马达牵引、拖车牵引、橡皮绳弹射、坡道加速、落锤牵引等。相比之下,直流电机和液压马达价格昂贵,对于大型车辆而言加速困难;拖车牵引与橡皮绳弹射速度控制困难且对于大型车辆而言加速难以实现;坡道加速和落锤牵引,对于大型车辆非常有效,但坡道加速对地势的要求高,平地实现难度大,而且加速跑道方向固定,多个碰撞角度适应性差。

a) 交通运输部公路科学研究院碰撞广场

b) 深华达碰撞广场

c) 河北健柏碰撞广场

图 4-1 碰撞广场

现阶段我国碰撞试验采用的车辆加速方式主要有电动牵引、坡道加速和落锤牵引,图 4-2 所示为车辆的加速设备。同时,不同加速方式都应符合以下规定:①试验车辆应能够达到规定的碰撞速度;②试验车辆在加速过程中不得损坏;③试验车辆在碰撞试验护栏前 10m 的距离范围内应处于完全自由的运行状态;④在碰撞试验护栏过程中,试验车辆的转向系统应处于自由状态,制动系统不得起作用。

a) 电动牵引加速

图 4-2

b) 坡道加速

c) 落锤牵引

图 4-2　车辆加速设备

4.2.3　试验检测设备

试验检测设备包括称重设备、测速设备、高速摄像机、数码摄像机、加速度传感器和采集器等，表 4-1 列出了试验检测设备及测试参数。

试验检测设备及测试参数　　　　表 4-1

	试验检测设备		测 试 参 数	测试方法执行的相关标准
一	称重设备		车辆总质量、整备质量	《汽车质量（重量）参数测定方法》（GB/T 12674—1990）
			车辆重心位置	《两轴道路车辆重心位置的测量》（GB/T 12583—2003）
二	测速设备		碰撞速度、车辆速度	《道路车辆碰撞试验中冲击速度的测量》（ISO 3784—1976）

续上表

	试验检测设备		测试参数	测试方法执行的相关标准
三	高速摄像机与数码摄像机		碰撞角度	《冲击试验用仪器 第2部分：摄影仪器》(SAE J211/2—2001)
			护栏变形损坏、车辆运行姿态和轮迹	《冲击试验用仪器 第2部分：摄影仪器》(SAE J211/2—2001)
			护栏最大横向动态变形值、护栏最大横向动态位移外延值、车辆最大动态外倾值	《冲击试验用仪器 第1部分：电子仪器》(SAE J211/1—2003) 《冲击试验用仪器 第2部分：摄影仪器》(SAE J211/2—2001)
四	加速度传感器和采集器		车辆重心处加速度	《道路车辆 冲击试验测量技术 仪器设备》(ISO 6487—2002) 《碰撞试验仪器 第1部分：电子仪器》(SAE J211/1—2003)

实车足尺碰撞试验表明，车辆总质量、整备质量和重心位置的参数不同，所测得的车辆重心处加速度、车辆运行轨迹以及护栏最大横向动态变形值等均有一定差别，因此车辆总质量、整备质量和重心位置需要准确测量和记录。车辆的运行状态是评价护栏导向功能和阻挡功能的重要指标，试验过程中主要通过高速摄像机从不同角度记录护栏变形损坏以及车辆的运行状态。车辆重心处加速度是评价护栏缓冲性能的重要数据源，车辆重心处加速度通过车载加速度传感器系统测量。加速度传感器包括纵向加速度传感器和横向加速度传感器，以测试碰撞过程中车辆重心处的纵向和横向加速度；加速度传感器须安装牢固，碰撞过程中不得松动或受到外力冲击。由于护栏变形和车辆侧倾是变化量，为确保采集到准确、有效的试验数据，试验后须将整个碰撞过程图像全部打印出来，根据标准点的比例计算每一幅图像的护栏变形和车辆侧倾值，最终得到最大值。

4.3 实车足尺碰撞试验组织

实车足尺碰撞试验组织主要包括对试验场地、试验护栏及试验车辆等方面的准备。

4.3.1 试验场地

为了更好地契合公路实际，碰撞试验场地应尽可能与实际道路情况相吻合，避免造成试验的严重失真。试验场地的路面采用公路上常用的水泥混凝土路面（图4-3a）或沥青混凝土路面（图4-3b），且路面平整度应满足3m直尺与面层的最大间隙不超过5mm的要求，3m直尺检测方法和频率可参考《公路工程质量检验评定标准 第一册 土建工程》(JTG F80/1—2017)的相关规定。同时，试验场地的长度要保证观测车辆碰撞后的行驶轨迹和车辆姿态，不得因为场地原因使车辆碰撞后的正常行驶轨迹和车辆姿态发生改变。

a) 水泥混凝土路面(设置标准线)

b) 沥青混凝土路面(设置标准线)

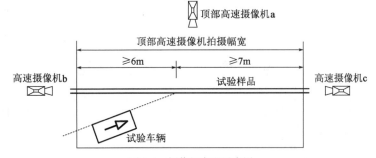
c) 试验前提前洒水防扬尘

图 4-3　试验场地准备

在试验图像和数据采集时,需要在护栏碰撞区设置供采集的标准线,以便进行分析和处理,且在试验场地的合适位置布设摄像机(图4-4),以及为了保证图像采集的清晰度,试验前在测试区域内进行洒水处理,从而减少试验车辆碰撞护栏过程中产生的扬尘。

图 4-4　摄像机布置示意图

注：1. 高速摄像机 a 用于记录试验护栏变形损坏以及车辆的碰撞角度、运行姿态和轮迹。
　　2. 高速摄像机 b 和高速摄像机 c 用于记录试验护栏变形损坏、护栏最大横向动态变形值、护栏最大横向动态位移外延值、车辆最大动态外倾值以及车辆运行姿态。

4.3.2　试验护栏

试验护栏的结构尺寸、材料型号和性能指标均应与设计图纸相符,且试验护栏的设置长度应符合《公路护栏安全性能评价标准》(JTG B05-01—2013)的要求。

为保证试验护栏足够的设置长度,主要考虑两方面因素:①试验护栏相对于实际公路护栏的长度缩短及端部锚固对其安全防护表现不造成较大影响;②试验过程中完整体现试验护栏对试验车辆的阻挡和导向形态。美国《安全设施评价手册》(MASH)要求:试验护栏的设置长度应不小于其可能变形范围长度的3倍,刚性护栏(如混凝土护栏)设置长度不小于23m,半刚性护栏(如梁柱式型钢护栏)设置长度不小于30m,柔性护栏(如缆索护栏)设置长度不小于183m。根据实车足尺碰撞试验,大中型车辆碰撞时各种类型护栏标准段的变形范围长度见表4-2,参考美国MASH的要求,我国《公路护栏安全性能评价标准》(JTG B05-01—2013)对各种类型护栏标准段的试验护栏设置长度做出如下具体规定。

(1)护栏标准段的设置长度:刚性护栏不得小于40m,半刚性护栏不得小于70m,柔性护栏不得小于180m。

(2)护栏过渡段、中央分隔带开口护栏、护栏端头和防撞垫的设置长度,应与其设计图纸要求一致。

(3)与护栏过渡段、中央分隔带开口护栏、护栏端头和防撞垫连接的护栏标准段的设置长度应符合以下规定:刚性护栏不得小于15m,半刚性护栏不得小于25m,柔性护栏不得小于60m。

大中型车辆碰撞时各种类型护栏标准段的变形范围长度 表4-2

护栏标准段类型	护栏标准段名称	试验碰撞条件				变形范围长度(m)
		车辆类型	车辆总质量(t)	碰撞速度(km/h)	碰撞角度(°)	碰撞能量(kJ)	

护栏标准段类型	护栏标准段名称	车辆类型	车辆总质量(t)	碰撞速度(km/h)	碰撞角度(°)	碰撞能量(kJ)	变形范围长度(m)
刚性护栏	单坡面中分带混凝土护栏	大型客车	14	80	20	400	15
刚性护栏	梁柱式混凝土护栏	中型客车	10	60	20	160	16
刚性护栏	座椅式混凝土护栏	大型客车	14	80	20	400	10
刚性护栏	单坡面混凝土护栏	中型客车	10	80	20	280	6
半刚性护栏	组合式护栏	中型货车	10	60	20	160	10
半刚性护栏	加强型防撞组合式护栏	大型货车	33	65	20	630	17
半刚性护栏	港珠澳大桥梁柱式型钢护栏	大型客车	18	80	20	520	15
半刚性护栏	深圳湾大桥梁柱式型钢护栏	大型货车	24	55	20	327	8
半刚性护栏	公路陡崖峭壁钢护栏	大型客车	14	80	20	400	13
半刚性护栏	新型托架波形梁钢护栏	中型货车	10	60	20	160	12
半刚性护栏	新型托架波形梁钢护栏	中型货车	10	60	20	160	16
半刚性护栏	波形梁钢护栏	中型货车	10	60	20	160	14
半刚性护栏	波形梁钢护栏	中型货车	10	60	20	160	24
半刚性护栏	中央分隔带双层波形梁护栏	中型客车	10	60	20	160	24

试验护栏建设时,需要严格按照设计图纸、规范的设置位置及护栏结构形式开展施工安装工作,施工安装质量要符合相关设计规范要求,图4-5为试验护栏碰撞点位置示意图,图4-6为某梁柱式型钢护栏施工安装过程。

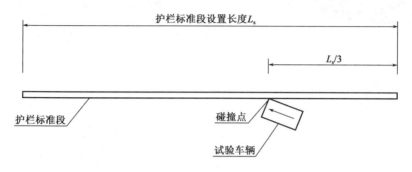

图4-5 试验护栏碰撞点位置示意图(尺寸单位:m)

图4-6 某梁柱式型钢护栏施工安装过程

4.3.3 试验车辆

试验车辆(图4-7)应总体完整,使用时间不超过其使用年限。试验车辆的转向系统、悬架系统、车轮、前后桥和轮胎气压等应符合正常行驶的技术要求。试验车辆配载应符合《公路护栏安全性能评价标准》(JTG B05-01—2013)中第5.5.1条规定的车辆总质量、整备质量和重心位置等要求,配载物应均布且与车体固定;燃料箱的燃料应用水代替,其质量应为燃料箱注满燃料时质量的90%。试验车辆的内外应整洁,并根据图像数据采集需要在车辆顶部与侧面设置明显清晰的基准线和基准点等标识。试验前详细检查并准确记录试验车辆的总质量、整备质量、几何尺寸、重心位置、轮胎气压和配载情况等技术参数。

图 4-7　试验车辆示意图

4.3.4　注意事项

（1）不得在雨、雪、雾的天气条件露天场地进行实车足尺碰撞试验。

（2）应采取措施，减少测试区域和试验车辆在实车足尺碰撞试验时产生的灰尘，保证图像采集的清晰度。

（3）实车足尺碰撞试验前应制订安全作业规程，所有现场人员必须佩戴安全防护装备。

（4）实车足尺碰撞试验出现下列情况之一时，该试验应视为无效试验：试验过程中，发现仪器故障或偏离标准状态；试验过程中发生停电或其他突发事件，破坏测试数据的连续性或产生异常现象；试验过程中或结束后，发现测点位置及仪器安装位置错误或偏移；试验碰撞条件误差不满足《公路护栏安全性能评价标准》（JTG B05-01—2013）的容许误差要求。

4.4　实车足尺碰撞试验数据分析

4.4.1　护栏阻挡功能数据分析

护栏阻挡功能的数据分析主要包括两个方面，一是车辆是否穿越、翻越和骑跨护栏；二是试验护栏构件及其脱离件是否侵入车辆乘员舱。

车辆碰撞护栏过程中，若出现穿越、翻越和骑跨现象，车内乘员安全将无法得到保障，此类现象是不允许发生的，如图 4-8a)～图 4-8c)所示；同时，若护栏构件及其脱离件侵入车辆乘员舱，将对车内乘员生命安全带来严重威胁，此类现象也是不允许发生的，如图 4-8d)所示。此外，当公路护栏脱离件散落于公路护栏内侧或外侧时，可能对相邻车道的行驶车辆、公路以外（或桥梁下方）的行人及车辆等造成危险，危险程度与脱离件的材质、尺寸和质量有关，因此还需要在公路护栏安全性能评价报告中对此记录，作为公路护栏设计选型考虑的因素之一。

a)车辆穿越护栏　　　　　　b)车辆翻越护栏　　　　　　c)车辆骑跨护栏

图 4-8

d) 护栏构件及脱离件侵入车辆乘员舱

图4-8 阻挡功能不达标示例

图4-9为护栏阻挡功能良好,对碰撞车辆进行有效防护的示例。

图4-9 护栏成功阻挡示例

4.4.2 护栏缓冲功能数据分析

护栏缓冲功能的数据分析主要包括两个方面,一是乘员碰撞速度的纵向与横向分量是否大于12m/s;二是乘员碰撞后加速度的纵向与横向分量是否大于200m/s²。《公路护栏安全性能评价标准》(JTG B05-01—2013)借鉴美国和欧盟标准采用连枷空间模型(Flail Space Model)评价公路护栏缓冲功能。在连枷空间模型(图4-10)中,通过3个特征时刻将小型客车碰撞公路护栏过程中不被约束的假想乘员头部的运动状态分为两个阶段:在第一阶段,车辆碰撞公路护栏后,车辆减速,而假想的乘员头部由于惯性保持向前运动的状态,与乘员舱产生相对速度与相对位移,直至与乘员舱内部碰撞;在第二阶段,假想的乘员头部与乘员舱内部碰撞后,其运动状态即速度和加速度与车辆完全同步。

假想的乘员头部与乘员舱内部碰撞后,乘员头部与车辆共同经受的车辆重心处加速度10ms间隔平均值的最大值为乘员碰撞后加速度,其中加速度数据通过小客车重心处安装纵向加速度传感器和横向加速度传感器来获取。假想的乘员头部与乘员舱内部碰撞的瞬时相对速度为乘员碰撞速度,乘员碰撞速度应按式(4-1)计算:

$$V_{x,y} = \int_0^{t^*} a_{x,y} \mathrm{d}t \qquad (4\text{-}1)$$

式中：$V_{x,y}$——纵向（x方向）或横向（y方向）的乘员碰撞速度；

$a_{x,y}$——纵向（x方向）或横向（y方向）的车辆重心处加速度；

t^*——假想的乘员头部与乘员舱内部碰撞的时刻，取值为假想的乘员头部在乘员舱内纵向（x方向）移动$0.6\mathrm{m}$或横向（y方向）移动$0.3\mathrm{m}$的时间，应按式(4-2)计算。

$$X, Y = \int_0^{t^*} \int_0^{t^*} a_{x,y} \mathrm{d}t^2 \qquad (4\text{-}2)$$

其中，$X = 0.6\mathrm{m}$，$Y = 0.3\mathrm{m}$，t^*为满足x、y方向积分等式所得的t_x^*和t_y^*的较小值。

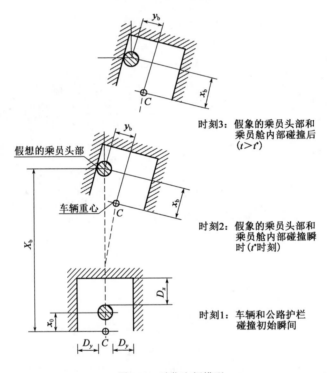

图4-10 连枷空间模型

4.4.3 护栏导向功能数据分析

护栏导向功能数据分析主要包括两个方面，一是车辆碰撞后是否翻车，二是车辆驶出驶离点后的轮迹经过图4-11所示的导向驶出框时是否越出直线F。图4-11中的参数A和B的取值应符合表4-3的要求。车辆碰撞护栏过程中，若出现翻车或不符合导向驶出框要求时，失控车辆可能会侵入其他车道，与其他车道正常行驶的车辆发生二次事故，造成更严重的事故。

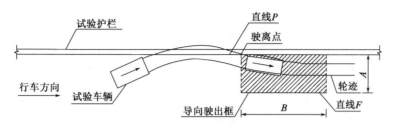

图 4-11　护栏标准段、护栏过渡段和中央分隔带开口护栏的车辆轮迹导向驶出框

注:1. 直线 P 为试验护栏碰撞前迎撞面最内边缘的地面投影线。
　2. 直线 F 与直线 P 平行且间距为 A。
　3. 直线 F 的起点位于驶离点在直线 F 上的投影点,长度为 B。

参数 A 和 B 的取值(m)　　　　　　　　　　表 4-3

碰 撞 车 型	A	B
小型客车	$2.2 + V_W + 0.16 V_L$	10
大中型客车大中型货车	$4.4 + V_W + 0.16 V_L$	20

注:V_W 为车辆总宽(m);V_L 为车辆总长(m)。

图 4-12a)为护栏导向功能不达标,车辆翻车的示例;图 4-12b)为护栏导向功能良好,车辆顺利驶出的示例。

a) 翻车

b) 护栏成功导向

图 4-12　护栏导向功能对比示例

4.4.4　护栏变形量及侧倾量数据分析

护栏变形量数据主要是指护栏最大横向动态变形量(D)、护栏最大横向动态位移外延值

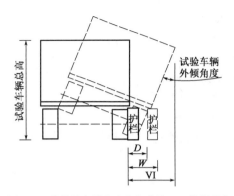

图4-13 护栏最大横向动态变形量(D)、护栏最大横向动态位移外延值(W)和车辆最大动态外倾值(VI)

(W),如图4-13所示。实车足尺碰撞试验中采用小型客车、大中型客车(包括特大型客车)和大中型货车来检测护栏最大横向动态变形量(D)与护栏最大横向动态位移外延值(W)。D值与W值虽然不作为公路护栏安全性能是否合格的评价指标,但却是公路护栏设置时的重要参考依据,这是因为对于不同形式、不同材料的护栏,它们的D值与W值均有很大的差异。例如,在同一种能量等级的车辆碰撞时,刚性护栏D值与W值很小,半刚性护栏根据其材料和几何尺寸各有不同。在《公路交通安全设施设计规范》(JTG D81—2017)中第6.2.16条规定:"选择护栏形式时,应首先考虑护栏受碰撞后的变形量。路侧或中央分隔带护栏面距其防护的障碍物的距离,应大于护栏最大横向动态位移外延值(W)或车辆最大动态外倾当量值(VI_n)"。因此,需要在公路护栏安全性能评价报告中对护栏变形量数据进行记录,作为公路护栏设计选型考虑的因素之一。

4.4.5 车辆动态外倾值数据分析

车辆动态外倾值数据是指车辆最大动态外倾值(VI),如图4-13所示。实车足尺碰撞试验中采用大中型客车(包括特大型客车)和大中型货车来检测其车辆最大动态外倾值(VI),可按式(4-3)计算得到车辆最大动态外倾当量值:

$$VI_n = VI + (4.2 - V_H)\sin\alpha \tag{4-3}$$

式中:VI_n——大中型车辆(包括特大型客车)的车辆最大动态外倾当量值(m);

VI——实车足尺碰撞试验测出的车辆最大动态外倾值(m);

V_H——试验车辆总高(m);

α——试验车辆外倾角度(°)。

VI值与VI_n值未作为公路护栏安全性能是否合格的评价指标,也是公路护栏设置时的重要参考依据,根据《公路交通安全设施设计规范》(JTG D81—2017)第6.2.16条规定,车辆最大动态外倾当量值(VI_n)应作为选择护栏形式时需要考虑的重要因素。因此,需要在公路护栏安全性能评价报告中对车辆动态外倾值数据进行记录,作为公路护栏设计选型考虑的因素之一。

4.5 本章小结

本章对公路护栏安全性能评价的重要方法——实车足尺碰撞试验进行了较为全面的介绍,所涉及的内容包括现有的实车足尺碰撞试验系统、试验组织与注意事项、试验数据分析,可以更全面客观地了解护栏实车足尺碰撞试验与安全性能评价的全过程,为指导跨江海缆索承重桥梁专用型钢护栏的安全性能评价奠定基础,并且对行业内开展相关工作提供一定的参考。

第 5 章　公路护栏适应性能评价方法

5.1　适应性能评价必要性

公路护栏作为一种被动防护设施,合理的设计可以有效提高公路的安全运营水平。2013年10月,交通运输部发布了《公路护栏安全性能评价标准》(JTG B05-01—2013),强调采用实车足尺碰撞试验评价公路护栏的安全性能,其在提高我国公路行车运营安全方面发挥了重要作用;2017年11月,交通运输部发布了《公路交通安全设施设计规范》(JTG D81—2017)和《公路交通安全设施设计细则》(JTG/T D81—2017),对公路护栏的设计要求进行了规定。目前设计人员也主要依据以上标准和规范进行公路护栏结构设计,但却很难规避一些情况,如通过实车足尺碰撞试验验证,需要结合工程实际相应调整护栏结构,如图5-1所示。鉴于实际工程环境复杂,护栏结构差异性表现较为多样,而护栏结构形式是决定其安全防护性能的关键,为了公路护栏的安全应用,从结构角度对护栏的安全性能进行评价。

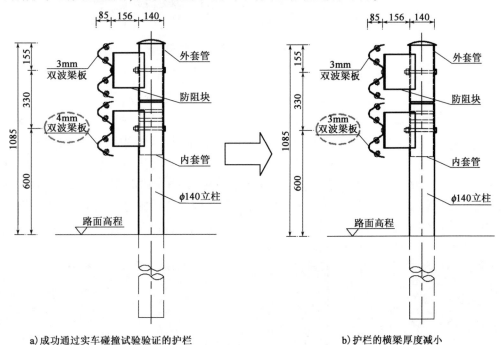

a) 成功通过实车碰撞试验验证的护栏　　　　b) 护栏的横梁厚度减小

图 5-1　较试验护栏结构有所改变的示例(尺寸单位:mm)

同时,实车足尺碰撞试验在特定试验场内进行,护栏设置条件较为单一,而公路实际设置条件则复杂多样,在基础(翼缘板形式、梁板厚度、预埋连接、伸缩缝等)、路侧构筑物(斜拉索、吊杆、桥墩、声屏障、标志立柱等)、公路线形(超高、纵坡等)、路面(路缘石、护轮带等)等方面相差较大,结合以往研究经验,这些差异性因素对护栏的安全防护能力产生的影响不可忽视。以四(SB)级三波形梁钢护栏为例,若凸出护栏迎撞面设置的路缘石高度过高,可能导致小客车跳车,不利于车辆的安全防护,如图5-2a)所示;而受现场条件影响护栏路面以上高度比标准值过高可能导致小型车辆横转或下穿护栏,比标准值过低则可能导致大型车辆骑跨或穿越护栏,如图5-2b)所示;同时,亦会有部分因素对护栏安全防护能力起到了积极促进作用。考虑到实车足尺碰撞试验难以真实反映实际复杂公路条件,无法全面考虑这些因素对护栏安全防护能力的影响,为了更好保障护栏实际工程中的防护效果,应结合公路其他相关沿线设施及交通工程条件,从公路适应性角度对护栏的安全性能进行评价。

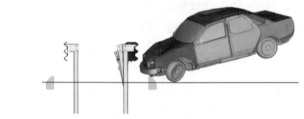

a) 凸出护栏迎撞面设置的路缘石过高对护栏防护性能影响

b) 路面以上有效高度设置对护栏防护性能影响

图 5-2 部分差异性因素对护栏安全防护能力产生的影响

此外,实车足尺碰撞试验所采用的碰撞车辆为具有一定代表性的车型,但并不能涵盖实际运营公路上的重要车型,例如小客车中的"运动型多用途车(SUV)"、货运车辆中的"罐车"等车型均具有其自身技术特点,且在公路上占有重要比例,与试验用碰撞车辆有所差异,如图5-3所示。研究经验表明,车辆的主要技术参数对碰撞结果有一定影响,总质量相同的车辆,由于几何尺寸、重心高度等主要技术参数不同,所测得的车辆重心处加速度、车辆运行轮迹以及护栏最大横向动态变形量等均有一定差别,并且相同的碰撞能量、不同碰撞条件组合对于碰撞护栏结果亦有影响。因此,应结合公路上多种车辆类型,从车辆适应性角度对护栏的安全性能进行评价,以更好地了解护栏对不同车辆的防护效果。

a)

b)

c)

图 5-3

d)　　　　　　　　　　　　　e)　　　　　　　　　　　　　f)

图 5-3　公路实际运营车辆与试验用车辆差异

综上所述,有必要针对本书研究的跨江海缆索承重桥梁专用型钢护栏开展结构安全性能评价、公路适应性能评价和车辆适应性能评价。

5.2　适应性能评价方法

公路护栏的安全性能主要通过护栏对车辆的阻挡、缓冲和导向功能来体现,是复杂的物理过程,而基于有限元方法的计算机仿真模拟技术可以解决碰撞类高度非线性物理问题,如几何非线性、材料非线性、边界非线性,是进行公路护栏安全性能评价的较好方法。同时,与实车足尺碰撞试验相比,计算机仿真模拟技术具有费用低、周期短、可模拟实际复杂公路护栏设置条件和多种车型的优势,更有普适性。欧洲标准委员会(CEN)颁布和出版了《道路防护系统——车辆防护系统碰撞试验计算力学指南》,已将计算机仿真模拟技术作为与实车足尺碰撞试验并列的公路护栏安全性能评价方法,而随着我国计算机软硬件技术的不断发展,基于有限元方法的计算机仿真模拟技术的日趋成熟,在公路护栏安全性能评价领域,计算机仿真模拟技术已经达到可以部分代替实车足尺碰撞试验的技术水平。鉴于计算机仿真模拟技术相比实车足尺碰撞试验的显著优势,广东省公路学会委托北京华路安交通科技有限公司等单位编制了《公路护栏安全性能仿真评价技术规程》(T/GDHS 001—2020),如图 5-4 所示,规定了公路护栏的结构安全性能、公路适应性能和车辆适应性能的评价方法和指标要求等内容,对实车足尺碰撞试验未详尽之处进行了有效补充与完善,使公路护栏安全性能评价更加结合实际、科学合理。

图 5-4　公路护栏安全性能仿真评价技术规程

因此,为了更好地保证跨江海缆索承重桥梁专用型钢护栏安全防护性能的全面性及与公路契合性,依据《公路护栏安全性能仿真评价技术规程》(T/GDHS 001—2020)相关规定,采用成熟可靠的计算机仿真模拟技术,对该护栏的结构、公路环境条件和车辆类型三个方面的适应性进行评价,进而提高护栏的综合防护效果及公路的运营安全水平。

5.3 结构安全性能评价

护栏结构安全性能评价应按照《公路护栏安全性能评价标准》(JTG B05-01—2013)对护栏安全性能评价指标及碰撞条件的要求,采用仿真技术方法评价护栏结构是否达到相应防护等级。

护栏结构安全性能评价的对象,按照其与《公路交通安全设施设计细则》(JTG/T D81—2017)的符合性,以及实车足尺碰撞试验的检测结果,划分为四个类别,见表5-1。其中,第一类护栏(J-1)主要是指《公路交通安全设施设计细则》(JTG/T D81—2017)中的金属梁柱式护栏,规范仅给出了各防护等级的护栏高度范围、横梁总高度之和范围、护栏构件截面厚度范围、横梁拼接套管长度范围的规定,同时组合式护栏和混凝土护栏的断面配筋量规范规定也只是给出了范围要求,研发或设计此类护栏人员按照规范可以设计出多种多样的结构形式,其安全性能也会存在一定范围的差别,有必要通过安全性能评价来确定其安全性,故作为需要进行结构安全性能评价的第一类护栏(J-1);第二类护栏(J-2)属于《公路交通安全设施设计细则》(JTG/T D81—2017)中的常规护栏形式,但与规范规定的构造和尺寸有所出入,此类护栏与规范标准相比结构的改变有可能对其安全性能产生影响,故作为需要进行结构安全性能评价的第二类护栏;第三类护栏(J-3)属于成功通过实车足尺碰撞试验验证的护栏形式,但又与试验护栏结构构造和尺寸有所出入,此类护栏与试验相比结构的改变有可能对其安全性能产生影响,故作为需要进行结构安全性能评价的第三类护栏(J-3);第四类护栏(J-4)是指采用新结构、新工艺、新材料得到的新型护栏,例如北京华路安交通科技有限公司等单位合作研发的玻璃纤维筋新型混凝土护栏、高分子护栏等,有必要通过安全性能评价来确定其安全性,此类护栏作为需要进行结构安全性能评价的第四类护栏(J-4)。

公路护栏结构安全性能评价对象的类别划分　　　　表 5-1

类　　别	划　分　依　据
J-1	规范上未给出具体构造和尺寸要求,仅给出关键尺寸(参数)范围的护栏结构
J-2	规范范围内的常规护栏形式,但与规范规定的构造和尺寸有所出入的护栏结构
J-3	与通过实车足尺碰撞试验检测合格的原护栏构造和尺寸有所出入的护栏改造结构
J-4	超出规范范围的新结构、新工艺、新材料的新型护栏

注:"规范"是指《公路交通安全设施设计细则》(JTG/T D81—2017)。

5.3.1 评价要求

护栏的碰撞条件和碰撞点位置应符合《公路护栏安全性能评价标准》(JTG B05-01—2013)的规定。同时,护栏的结构安全性能评价应符合以下要求:

(1)应采用与模型验证时同种类型的仿真模拟软件。

(2)车辆模型应与模型验证时一致,且车辆模型总质量、几何尺寸、重心位置等主要技术参数应与《公路护栏安全性能评价标准》(JTG B05-01—2013)的要求一致。

(3)护栏模型的结构尺寸、材料性能指标、基础和设置条件等应与其设计图纸要求一致,护栏模型的结构长度应与《公路护栏安全性能评价标准》(JTG B05-01—2013)的要求一致。

(4)车辆碰撞护栏系统的总能量变化不得超过5%,沙漏能量不得超过系统初始总能量的5%,系统的总质量增加不得超过5%。

此外,护栏应同时满足《公路护栏安全性能评价标准》(JTG B05-01—2013)中阻挡功能、缓冲功能和导向功能对应的指标要求,方可认定达到相应的防护等级。

5.3.2 评价结论

根据仿真结果,按照对应的护栏结构类别,给出护栏结构安全性能评价结论,见表5-2。

护栏结构安全性能评价结论　　　　表5-2

结构类别	评价结果			评价结论
	护栏安全性能指标结果	与规范规定的护栏结构比较结果	与通过碰撞试验护栏结构比较结果	
J-1	○	—	—	该护栏安全性能满足××防护等级要求
	⊗	—	—	该护栏安全性能不满足××防护等级要求,建议开展护栏结构优化或实车足尺碰撞试验
J-2	○	○	—	该护栏安全性能满足××防护等级要求
	○	⊗	—	该护栏安全性能满足××防护等级要求,建议开展护栏结构优化或实车足尺碰撞试验
	⊗	⊗	—	该护栏安全性能不满足××防护等级要求,建议开展护栏结构优化或实车足尺碰撞试验
J-3	○	—	○	该护栏安全性能满足××防护等级要求
	○	—	⊗	该护栏安全性能满足××防护等级要求,建议开展护栏结构优化或实车足尺碰撞试验
	⊗	—	⊗	该护栏安全性能不满足××防护等级要求,建议开展护栏结构优化或实车足尺碰撞试验
J-4	○	—	—	该护栏安全性能满足××防护等级要求,建议开展实车足尺碰撞试验
	⊗	—	—	该护栏安全性能不满足××防护等级要求,建议开展护栏结构优化或实车足尺碰撞试验

注:1."规范"指《公路交通安全设施设计细则》(JTG/T D81—2017)。
2."护栏安全性能指标结果"满足指标要求时,用"○"表示,反之用"⊗"表示。
3."与规范规定的护栏结构比较结果"优于或等同于规范规定的护栏结构时,用"○"表示,反之用"⊗"表示。
4."与通过碰撞试验护栏结构比较结果"优于或等同于通过碰撞试验的护栏结构时,用"○"表示,反之用"⊗"表示。
5."—"表示忽略该项。

5.4 公路适应性能评价

护栏对公路适应性能评价宜在结构安全性能评价合格后进行,应结合公路其他相关沿线设施及交通工程条件(所涉及的影响因素见表5-3),参照《公路护栏安全性能评价标准》(JTG B05-01—2013)对公路护栏安全性能评价指标及碰撞条件的要求,采用仿真技术方法进行模拟计算,将计算结果与结构安全性能评价结果进行对比,以评价护栏对于公路适应的安全性。公路适应性能评价需进行现场调查和资料收集(照片、设计文件、护栏结构安全性能评价资料等),资料的质量、数量和时效应满足评价要求。

公路其他沿线设施及交通工程条件影响因素　　　　　表5-3

类　别		影 响 因 素
基础	路基	基础形式、埋深、土基压实度、土路肩、边坡、人孔等
	桥梁	翼缘板形式(混凝土箱梁、钢箱梁)、梁板厚度、配筋、预埋连接、伸缩缝、桥台等
路侧构筑物		桥墩、隧道检修道、隧道洞门、标志立柱、照明灯柱、斜拉索、吊杆、监控设施、声屏障、防眩设施、防抛网、边沟等
公路线形		超高、横坡、纵坡、平曲线、竖曲线等
路面		路面形式、路缘石、拦水带、护轮带等

5.4.1 评价要求

公路适应性能评价在符合本书5.3.1节评价要求的基础上,还应符合以下规定:
(1)护栏的碰撞条件应符合《公路护栏安全性能评价标准》(JTG B05-01—2013)的规定。
(2)护栏的碰撞点位置应考虑公路其他沿线设施及交通工程条件因素的影响。

5.4.2 评价结论

护栏的公路适应性能评价应通过与结构安全性能评价结果对比来得出结论,见表5-4。

公路适应性能评价结论　　　　　表5-4

评 价 结 果			评价结论
护栏安全性能指标结果	与结构安全性能评价指标比较结果	对公路沿线设施的影响程度	
○	○	无影响	优秀
		影响小	良好
		影响大	差
○	⊗	无影响	良好
		影响小	一般
		影响大	差
⊗	⊗	—	差

注:1."护栏安全性能指标结果"为"满足护栏安全性能指标要求"时,用"○"表示,反之用"⊗"表示。
　　2."与结构安全性能评价指标比较结果"为"优于或等同于结构安全性能评价指标"时,用"○"表示,反之用"⊗"表示。
　　3."—"表示忽略该项。

5.5 车辆乘员适应性能评价

护栏对车辆乘员适应性能评价宜在结构安全性能评价合格后进行,应采用多种车型不同碰撞条件,参照《公路护栏安全性能评价标准》(JTG B05-01—2013)对护栏设计防护能量及安全性能评价指标的要求,采用仿真技术方法进行模拟计算,评价护栏对于车辆适应的安全性。

5.5.1 评价要求

车辆乘员适应性能评价在符合本书5.3.1节评价要求的基础上,还应符合以下规定:
(1)应在车辆模型驾驶席上设置假人模型,并佩戴有效安全带。
(2)可根据公路交通流特征确定碰撞车型。
(3)护栏的碰撞角度和碰撞点位置应符合《公路护栏安全性能评价标准》(JTG B05-01—2013)的规定。

同时,车辆乘员适应性能评价的阻挡功能和导向功能指标应符合《公路护栏安全性能评价标准》(JTG B05-01—2013)的要求,缓冲功能指标应符合下列要求:
(1)假人头部性能指标 HPC≤1000。
(2)假人胸部压缩指标 ThCC≤75mm。
(3)假人大腿压缩力指标 FFC≤10kN。

5.5.2 评价结论

护栏的车辆乘员适应性能评价结论见表5-5。

车辆乘员适应性能评价结论　　表5-5

护栏的阻挡与导向功能评价结果	护栏的缓冲功能评价结果		评价结论
	假人头部和胸部指标结果	假人大腿指标结果	
○	○	○	优秀
○	○	⊗	一般
○	⊗	—	差
⊗	—	—	差

注:1."护栏的阻挡与导向功能评价结果"均满足评价指标要求时,用"○"表示,反之用"⊗"表示。
　　2."假人头部和胸部指标结果"均满足评价指标要求时,用"○"表示,反之用"⊗"表示。
　　3."假人大腿指标结果"满足评价指标要求时,用"○"表示,反之用"⊗"表示。
　　4."—"表示忽略该项。

5.6 本章小结

本章对公路护栏适应性能评价的必要性,以及基于计算机仿真模拟技术开展的公路护栏结构安全性能、公路适应性能及车辆乘员适应性能的评价方法与指标要求进行了较为全面的介绍。一方面，了解到公路护栏适应性能评价工作需要得到高度重视，其可以填补护栏传统实车足尺碰撞试验评价方法的单一化缺陷，使护栏更好地贴合实际工程复杂的公路条件及多样化的使用需求；另一方面，所介绍的公路护栏适应性能评价方法与指标要求，可以有效指导跨江海缆索承重桥梁专用型钢护栏乃至其他公路护栏技术成果的适应安全性分析工作，具有较为重要的指导、借鉴意义。

第 6 章 跨江海缆索承重桥梁专用型钢护栏结构研究

跨江海缆索承重桥梁专用型钢护栏结构研究是本书的重点介绍内容,其直接关系到护栏自身防护能力、对公路环境影响情况及经济社会效益。为此,本章综合运用多种技术手段,以实现护栏防护功能和防侧倾功能为主要目标,考虑造价经济合理、景观通透协调、施工安装快捷等因素,开展跨江海缆索承重桥梁专用型钢护栏结构研究。同时,通过系统设计与合理优化,得到符合设计规范要求、满足实际使用需求及安全性能仿真评价指标合格的护栏结构形式,为实车足尺碰撞试验奠定基础。

6.1 护栏基本结构研究

护栏基本结构研究主要包括护栏高度研究、护栏横梁结构研究及护栏立柱结构研究三个方面。

6.1.1 护栏高度研究

护栏高度是决定其防护能力的重要参数,若高度设计不合理,将直接影响护栏的安全防护效果。对于梁柱式型钢桥梁护栏来说,合理确定横梁荷载权重分布是进行护栏高度计算的关键,根据本书第3.1.1.1节所述的梁柱式型钢桥梁护栏有效高度设计方法及规范规定,要求八(HA)级梁柱式型钢桥梁护栏的横梁横向承载力距桥面的加权平均高度最小值为110cm,见表6-1。对此,不少设计单位采用均布权重进行计算得到护栏总高度达到2.3m,但这种设计并不合理,主要体现在三个方面:一是护栏设计应最终体现在对驾乘人员的保护,若护栏横梁过高(置于2.3m左右),则与大型车辆驾乘人员头部基本处于同一水平位置(图6-1),大型车辆碰撞护栏过程中人体直接与护栏接触,会对乘员造成直接伤害,偏离了护栏设计的初衷;二是桥梁护栏设计过高会影响桥梁整体景观效果,给驾乘人员造成压抑感,甚至导致驾驶疲劳,形成不安全因素;三是桥梁护栏设计过高会对基础产生较大力矩,对桥梁基础强度和主体设计提出了更高要求。

金属梁柱式护栏横梁横向承载力距桥面的加权平均高度 $\overline{Y}$ 表6-1

防 护 等 级	最小高度(cm)
二(B)	60
三(A)	60

续上表

防 护 等 级	最小高度(cm)
四(SB)	70
五(SA)	80
六(SS)	90
七(HB)	100
八(HA)	110

图 6-1　大型车辆驾乘人员头部位置

《公路交通安全设施设计细则》(JTG/T D81—2017)附录 D 桥梁护栏试件设计方法条文说明中要求,根据车辆抗倾覆荷载的有效高度公式计算的结果,还要根试验数据和已有护栏的使用经验进行校验。根据护栏研发经验,对于大型车辆的防护,主要是上部横梁起到有效作用,最下部横梁可以忽略。为验证上述结论,建立了保留最下层横梁和去除最下层横梁的梁柱式型钢桥梁护栏仿真模型,并按照八(HA)级标准碰撞条件,采用碰撞能量更大的大型车辆(25t 特大型客车、40t 大型货车、55t 鞍式列车)进行仿真碰撞分析,计算结果如图 6-2 所示,可见保留最下层横梁和去除最下层横梁的梁柱式型钢桥梁护栏对于大型车辆的防护几乎没有区别。

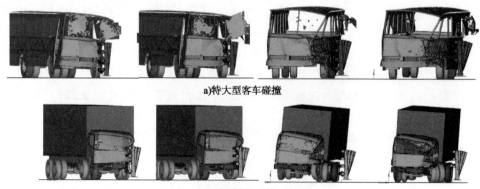

a)特大型客车碰撞

b)大型货车碰撞

图 6-2

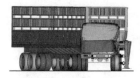

c) 鞍式列车碰撞

图6-2 大型车辆碰撞有/无下层横梁的护栏姿态对比

在对加权平均高度进行规定的基础上，《公路交通安全设施设计规范》（JTG D81—2017）中第6.3.4条的第2)项②还规定："六（SS）级及以上防护等级的金属梁柱式护栏高度不应小于1.5m"，结合上述仿真分析结果，可忽略最下层横梁所承受荷载，将荷载在上部横梁进行均布计算，整体高度1500mm的梁柱式型钢桥梁护栏加权平均高度可达到110cm，满足八（HA）级防护等级对护栏高度的要求。同时，由于大型货车的货厢质量较重，为护栏的重点防护部位，护栏高度只有大于货厢底板高度才能起到有效防护作用，根据《公路护栏安全性能评价标准》（JTG B05-01—2013）第5.5.1条条文说明中货车主要技术参数的调查数据，货厢底板高度最高为1570mm（表6-2），从安全角度出发，八（HA）级梁柱式型钢桥梁护栏设计高度（顶层横梁中心距桥面）宜大于1600mm。

货车的货厢底板高度调查结果   表6-2

车厢底板高度	中型货车		大型货车		
	6t 整体式货车	10t 整体式货车	18t 和 25t 整体式货车	33t 和 40t 整体式货车	55t 鞍式列车
范围(mm)	932～1085	1000～1200	1240～1250	1140～1330	1300～1570
平均值(mm)	1002	1084	1250	1250	1476
规定值(mm)	1000	1080	1250	1250	1480

注：详见《公路护栏安全性能评价标准》（JTG B05-01—2013）中表5-6。

此外，护栏设计高度不但会影响其防护等级，还会对车辆外倾值有影响。为降低事故车辆对缆索承重桥梁的斜拉索或吊杆等缆索承重构件的损害风险，需要对梁柱式型钢桥梁护栏高度进行合理提升，结合以往实车足尺碰撞试验数据，综合安全性和经济性要求，初步确定八（HA）级跨江海缆索承重桥梁专用型钢护栏高度（顶层横梁中心距桥面）介于1600～1800mm之间较为合理。

6.1.2 护栏横梁结构研究

横梁是梁柱式型钢桥梁护栏的重要组成构件之一，下面重点对横梁的形式选择、规格尺寸及布置进行设计研究。

6.1.2.1 横梁形式选择

横梁在护栏结构中的主要作用是传递弯矩，从而抵抗车辆碰撞来改变车辆方向，起到导向的功能，因此抗弯性能是横梁设计中考虑的关键因素之一。梁柱式型钢桥梁护栏的横梁一般为钢管结构，主要包括圆形管、矩形管、方形管、异形管（如椭圆形管、D形管等）4类断面形式，如图6-3所示。

图 6-3 梁柱式型钢桥梁护栏横梁形式

在加工方便性和经济性方面,矩形管、圆形管和方形管可采用标准构件,加工方便快捷,而异型管属于非标准构件,需要特殊的模具进行加工,成本较高,经济性较差,故异型管横梁不作为护栏横梁结构形式;在抗弯性能方面,同等材料下,矩形管比圆形管和方形管的惯性矩更大,即抗弯能力更强;在材料量和景观通透性方面,同等抗弯性能下,矩形管比圆形管和方形管的材料用量更少,横梁之间净距更大,通透性更好,如图 6-4 所示。

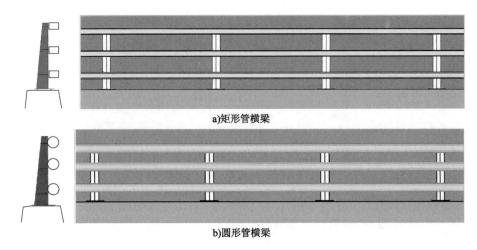

图 6-4 矩形管与圆形管相同抗弯性能下的景观对比

因此,综合考虑结构抗弯能力、工艺方便性、经济性及通透性等因素,确定采用矩形管作为八(HA)级跨江海缆索承重桥梁专用型钢护栏的横梁结构形式。

6.1.2.2 横梁规格尺寸及布置

矩形管横梁所涉及的断面尺寸包括长度、宽度、高度和厚度,如图 6-5 所示,其中长度指横梁的纵向单元长度,需要依据立柱间距和安装运输方便性确定,暂不做论述,本小节主要确定横梁的宽度、高度、厚度及设置层数。

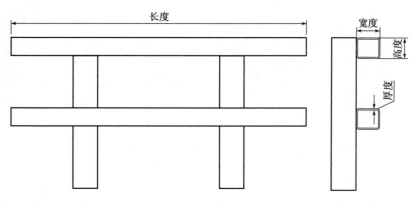

图 6-5 横梁规格尺寸示意图

根据本书 3.1.1.2 节所述的梁柱式型钢桥梁护栏横梁设计方法,横梁的总高度之和不应小于护栏总高度的 25%,与立柱的退后距离对应的横梁之间的净距宜位于图 3-3a)所示的阴影区以内或以下,与立柱退后距离对应的横梁总高度之和与立柱高度之比宜位于图 3-3b)所示的阴影区以内或以上。梁柱式型钢桥梁护栏高度按 1600mm 计算,则横梁总高度之和不应小于 400mm,横梁之间的净距介于 250~350mm,立柱退后距离宜大于 100~250mm,这样较易得到护栏横梁布置的较优方案。

《公路交通安全设施设计细则》(JTG/T D81—2017)中第 6.3.5 条的第 4)项规定:护栏构件的截面厚度应根据计算确定,并不小于表 6-3 规定的最小值。横梁作为重要的纵向有效构件,从实现高防护等级角度出发,考虑对不同车型的防护需求,初步确定下层横梁厚度为 4~6mm,主要用来防护小型车辆,上层横梁厚度为 6~8mm,主要用来防护大型车辆。

金属制护栏的截面最小厚度值 表 6-3

材料	截面形式	最小厚度值(mm)			
		主要纵向有效构件	纵向非有效构件和次要纵向有效构件	辅助板、杆和网	抱箍、辅助构件
钢	空心截面	3	3	3	3
	其他截面	4	3	3	3
铝合金	所有截面	3	1.2	3	1.2
不锈钢	所有截面	2	1.0	2	0.5

注:详见《公路交通安全设施设计细则》(JTG/T D81—2017)中表 6.3.5-2。

在八(HA)级跨江海缆索承重桥梁专用型钢护栏横梁布设层数方面,结合规范规定及相关研究经验,从安全角度出发,1600mm 高的梁柱式型钢桥梁护栏可采用四层或五层的横梁布设方式,如图 6-6 所示,但综合考虑护栏整体美观性、通透性及经济性等因素,初步确定采用四层横梁布设方式。同时,基于护栏横梁布设层数及横梁总高度之和不应小于 400mm 的要求,横梁高度应大于 400/4 = 100(mm),结合以往相关护栏开发经验,初步确定采用横梁高度 120mm。

6.1.3 护栏立柱结构研究

下面重点对梁柱式型钢桥梁护栏的立柱形式选择、规格尺寸及间距进行设计研究。

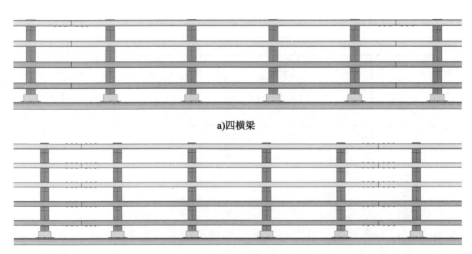

图 6-6 横梁布设数量

6.1.3.1 立柱形式选择

对于梁柱式型钢桥梁护栏来说，立柱主要用来支撑横梁，控制护栏变形，设计中主要考虑其抗弯性能和方便安装功能。梁柱式型钢护栏立柱结构形式主要包括 H 型立柱、方管型立柱和异型立柱，如图 6-7 所示。其中，异型立柱加工较为困难，方管型立柱不方便与横梁连接，而 H 型立柱抗弯性能强，加工方便，且便于螺栓连接，故确定采用 H 型立柱作为八（HA）级跨江海缆索承重桥梁专用型钢护栏的立柱结构形式。

图 6-7 梁柱式型钢护栏立柱形式

6.1.3.2 立柱规格尺寸

H型立柱的规格尺寸主要涉及高度、长度、宽度、厚度四个方面,如图6-8所示。其中,立柱作为承接横梁与承受碰撞力的重要构件,立柱高度应为前面研究确定的护栏高度(顶层横梁中心距桥面1600~1800mm)与1/2顶层横梁高度(120/2=60mm)之和,再减去护栏基座高度及底部连接板厚度,后续根据护栏底板和基座设计情况确定,如图6-9所示。对于立柱的长度和宽度,主要基于以往研究与设计经验,结合矩形管横梁的安装需求等,初步确定长度和宽度均为200mm。

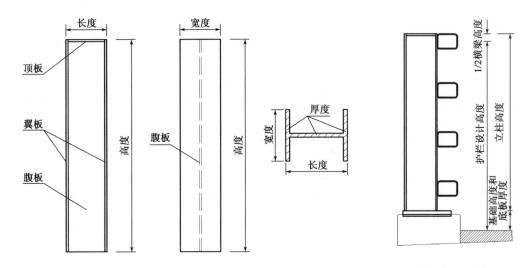

图6-8 H型立柱规格尺寸示意图　　　　　　图6-9 H型立柱高度

对于立柱翼板和腹板的厚度,根据以往类似项目经验,立柱强度较大时,碰撞发生后立柱变形小,横梁会发生较大破坏,同时会有较多的碰撞力以弯矩形式传递到立柱基础;立柱较弱时,碰撞后立柱变形相对较大,但整体变形会比较协调,同时吸收更多碰撞能量,向立柱基础传递的力也会减少。因此,从协调变形和安全需求角度考虑,初步确定H型立柱厚度采用8~12mm。

6.1.3.3 立柱间距

《公路交通安全设施设计细则》(JTG/T D81—2017)中未对梁柱式型钢桥梁护栏的立柱间距进行相关规定,但考虑到钢箱梁桥横隔板间距一般为3000mm,为更有利于护栏结构与桥梁主体形成一个整体受力结构,立柱间距宜与钢箱梁或混凝土梁横隔板间距合理配合,确定护栏立柱间距为1500mm,如图6-10所示。对比已投入使用的香港路政署PDN护栏和深圳湾大桥护栏立柱间距均大于1500mm,故跨江海缆索承重桥梁专用型钢护栏的立柱间距1500mm可满足防护需求。

6.1.4 护栏基本结构方案

通过研究得到护栏基本结构方案,主要设计参数见表6-4。

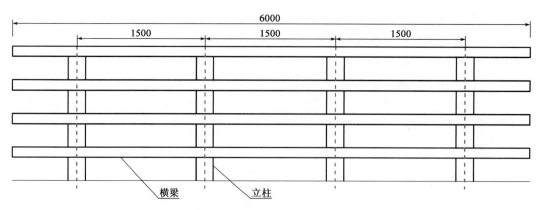

图 6-10　H 型立柱间距(尺寸单位:mm)

护栏基本结构设计参数　　　　表 6-4

护栏结构		初定规格参数	备注
护栏高度(顶层横梁中心)		1600～1800mm	较高的防护高度
横梁布置	横梁层数	4 层	合理布局
	形式	矩形管	具有高抗弯能力
	横梁高度	120mm	横梁的总高度之和不应小于护栏总高度的 25%
	横梁宽度	100～250mm	较优的立柱退后距离,防绊阻
	上层横梁厚度	6～8mm	防护大型车辆
	下层横梁厚度	4～6mm	防护小型车辆
立柱	形式	H 型	便于安装、经济
	间距	1500mm	与桥梁结构共同受力
	长度和宽度	200mm	满足横梁连接
	厚度	8～12mm	与横梁协同受力

6.2　护栏结构优化研究

基于前文确定的护栏基本结构方案,综合考虑安全防护性能、控制车辆侧倾、经济美观及工艺方便等因素,充分利用通过可靠性验证的计算仿真模型,对护栏高度、横梁、立柱、连接方式等做进一步优化设计研究,并比选确定一种较优的护栏结构方案。

6.2.1　护栏高度优化研究

本书 6.1.1 节中基于规范符合性和安全性初步确定八(HA)级梁柱式型钢护栏高度介于 1600～1800mm 之间,鉴于跨江海桥梁对缆索承重构件保护的特殊需求,下面重点从减小车辆外倾角度,进一步合理确定护栏高度。

为了更直观地了解护栏高度对车辆外倾的影响情况,运用可靠的计算机仿真模拟技术,建立了两种高度不同的梁柱式型钢桥梁护栏仿真模型,并按照八(HA)级标准碰撞条件,采用碰撞能量更大的大型车辆(特大型客车、大型货车、鞍式列车)进行了仿真碰撞分析。图 6-11 为碰撞后车辆外倾形态的仿真结果对比,可以看出护栏高度的提升对改善护栏防侧倾功能的效果并不明显,甚至车辆外倾更大,分析其原因主要是车辆碰撞力不变,作用在护栏上力的作用点有所提高,力臂增大,护栏基础受到的弯矩增大,进而影响了防侧倾效果。因此,通过进一步优化分析,综合考虑安全、防侧倾、经济、美观等因素,确定跨江海缆索承重桥梁专用型钢护栏高度(顶层横梁中心距桥面)为 1600mm。

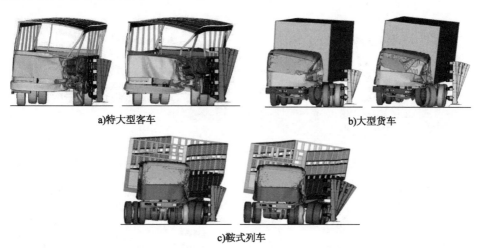

图 6-11 大型车辆碰撞不同护栏高度的外倾形态对比

6.2.2 护栏立柱优化

立柱是梁柱式型钢桥梁护栏的重要承力构件之一,其设置是否合理,直接影响到护栏整体的防护性能,需要优化研究确定其结构形式。

基于 H 型立柱,采用计算机仿真模拟技术进行多次迭代计算,得到斜 H 型立柱优化结构,即翼板、腹板和顶板的厚度为 10mm,底板厚度为 30mm,材料均为 Q345。该立柱除满足结构强度外,还方便立柱、横梁等构件间的连接,如图 6-12 所示。

6.2.3 护栏横梁优化

根据前文研究初步确定的 120mm 高的矩形横梁及护栏四层横梁布设方式,下面对横梁的宽度、厚度及布置进行优化研究。

在横梁宽度方面,依据以往类似横梁研发经验,横梁迎撞面和立柱的距离越大,护栏的导向功能越优,对于梁柱式型钢桥梁护栏 160mm 的宽度可有效消除车辆绊阻,因此确定横梁的截面尺寸为

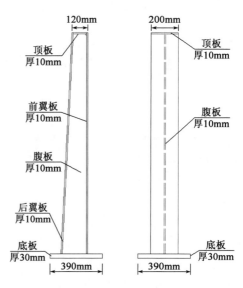

图 6-12 优化后斜 H 型立柱尺寸

160mm×120mm。

在横梁厚度方面,考虑到需要开展大量仿真优化工作,从安全性、合理性及高效性角度出发,确定采用碰撞力及对护栏损坏程度最大的车辆作为仿真分析的主要碰撞车型。图6-13为八(HA)级标准碰撞条件规定的三种大型车辆碰撞同一护栏结构的仿真结果,可以看出55t鞍式列车碰撞后护栏的变形损坏程度最为严重,因此采用鞍式列车作为碰撞车型对护栏横梁厚度进行优化。

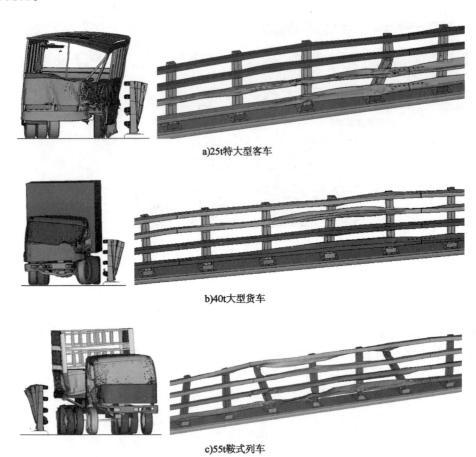

a) 25t特大型客车

b) 40t大型货车

c) 55t鞍式列车

图6-13 八(HA)级标准碰撞条件下的护栏变形情况

在鞍式列车碰撞护栏的仿真模型中,设置横梁的截面尺寸为160mm×120mm,并结合前文研究确定的上层横梁主要为防护大型车辆,厚度范围6~8mm,下层横梁主要为防护小型车辆,厚度范围4~6mm的情况,对多种横梁厚度进行迭代计算,根据横梁变形仿真计算结果对横梁进行优化分析。

图6-14为上面两层横梁厚度为6mm、下面两层横梁厚度为4mm和上面两层横梁厚度为8mm、下面两层横梁厚度为4mm的横梁变形仿真结果,可以看出,在55t鞍式列车以60km/h碰撞速度及20°碰撞角度条件下,上面两层横梁厚度为6mm的矩形管变形较大,有被撞断的可能性,而上面两层横梁厚度为8mm的矩形管变形较小且平顺一些,可以在跨江海缆索承重桥梁专用型钢护栏中应用。

a) 上面两层横梁厚度6mm，下面两层横梁厚度4mm

b) 上面两层横梁厚度8mm，下面两层横梁厚度4mm

图 6-14　不同横梁厚度横梁变形情况

6.2.4　护栏横梁布置优化

横梁的布置对于梁柱式型钢桥梁护栏的安全防护性能、整体景观效果和防侧倾功能具有重要影响，需要进行优化。

6.2.4.1　横梁水平方向布置

基于以往梁柱式型钢桥梁护栏研发及试验经验，横梁宽度 160mm 可有效消除车辆绊阻，但在控制车辆侧倾方面效果并不显著，失控车辆易发生较大侧倾，有碰撞护栏外侧斜拉索、吊杆等缆索承重构件的风险，如图 6-15 所示。

图 6-15　车辆侧倾较大

通过初步分析，在护栏横梁水平方向布置过程中，增加横梁与立柱间的距离，即增加护栏迎撞面到桥梁缆索承重构件的距离，从而允许车辆侧倾的空间更大，更易控制车辆的外倾程度。对此，采用可靠的仿真模拟技术做进一步验证，图 6-16 为横梁与立柱水平宽度增加前后的车辆侧倾情况，可以看出，横梁与立柱间水平宽度增大后，在保证有效防护车辆的同时，减小了车辆碰撞过程中的外倾幅度，对桥梁缆索承重构件的保护更为有利。

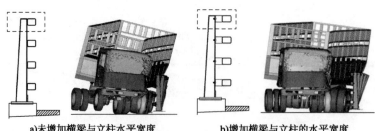

图 6-16 横梁与立柱的水平宽度增加前后车辆侧倾情况

图 6-17 横梁与立柱间设置防侧倾块可有效控制车辆侧倾

对于增加横梁与立柱之间的水平宽度,存在两种思路,一种是直接增加横梁结构宽度,但横梁为通长设置构件,大幅增加了材料用量、工程造价及桥梁荷载,不适宜采用;另一种是突破梁柱式型钢护栏仅由立柱和横梁构成的传统形式,在立柱和横梁之间增设防侧倾块单元构件(图 6-17)。经分析,增加防侧倾块单元构件的优势较为显著,即在增加横梁与立柱之间水平宽度的同时,材料用量和工程造价增幅较少,且防侧倾块具有类似防阻块的功能,起到防止车辆绊阻和一定缓冲作用,提高了立柱与横梁受力和变形的协调性,增大了护栏的受力与吸能范围,降低了护栏防护车辆时对基础锚固螺栓强度的依赖,减小对主桥面板的冲击。

对此,在综合考虑安全性、经济性、合理性等因素,提出了梁柱式型钢桥梁护栏增加两种防侧倾块设置方式,方式一是在护栏上面两层横梁处增加了不等宽的防侧倾块结构,即上层宽度大于下层宽度,下面两层横梁未设置防侧倾块,即横梁与立柱直接连接,护栏迎撞侧横梁竖向不齐平,如图 6-18a)所示;方式二是在四层横梁处均增加了等宽的防侧倾块,护栏横梁迎撞侧竖向齐平,如图 6-18b)所示。

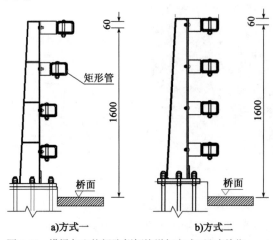

图 6-18 横梁与立柱间防侧倾块增加方式(尺寸单位:mm)

通过仿真计算分析,方式二的护栏安全防护及控制侧倾效果更佳,且景观更加协调统一,最终经反复优化,确定在梁柱式型钢桥梁护栏 160mm×120mm 矩形管横梁与斜 H 型立柱之间设置120mm宽的防侧倾块单元构件[护栏上面两层防侧倾块截面尺寸为200mm（长）×120mm（宽）×120mm（高）×8mm（厚），下面两层防侧倾块截面尺寸为200mm（长）×120mm（宽）×120mm（高）×4mm（厚）]，护栏横梁水平方向布置如图6-19所示。

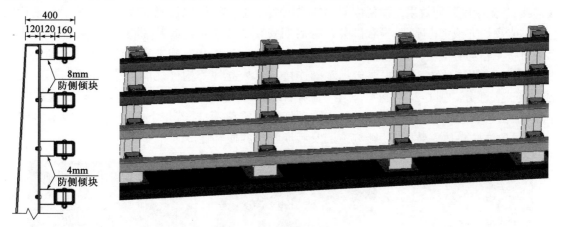

图6-19 护栏横梁水平方向布置优化方案（尺寸单位：mm）

6.2.4.2 横梁竖直方向布置

在横梁竖直方向布置方面，基于前文研究确定的护栏高度（顶层横梁中心）1600mm、横梁高度120mm、横梁宽度160mm及防侧倾块宽度120mm的情况，在保证护栏安全性和通透性的同时，使景观协调一致。图6-20为调整后的横梁竖向布置情况，可以看出，横梁之间的净距为270mm，H型立柱退后距离为280mm，车轮、保险杠或发动机舱盖直接撞击立柱的可能性较低，设计合理，如图6-21所示。

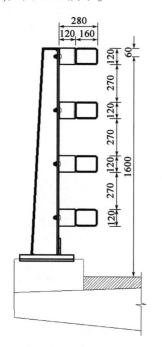

图6-20 横梁竖直方向布置（尺寸单位：mm）

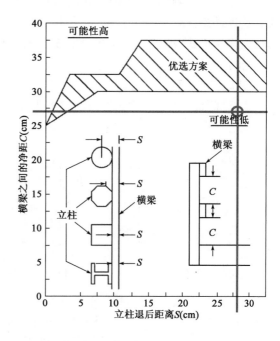

图6-21 设计安全性校核

6.2.5 连接方式优化

基于确定的梁柱式型钢桥梁护栏优化结构,为了保持护栏具有较高的防撞性能,需要通过有效连接,达到刚度匹配效果。护栏内部构件采用螺栓进行连接,以往梁柱式型钢护栏设计阶段缺少相关专项研究或考虑不足,导致部分结构后期安装中螺栓安装量大,且定位困难,安装施工和后期维护工作均有不便,需要通过专项设计以优化连接方式,提高施工安装及维护的便利性。

梁柱式型钢护栏的连接主要包括基础连接,横梁、立柱等构件之间连接,横梁与横梁之间的拼接三大部分。图6-22为梁柱式型钢护栏在这3个位置上的常见连接方式。在实际工程中发现,由于土建施工不可避免存在误差,预埋螺栓定位不准,若是上部结构安装没有容错能力,会导致结构整体安装困难,影响施工及后期维护的便利性。

a)基础连接

b)横梁、立柱等构件间连接

c)横梁间拼接

图6-22 梁柱式型钢桥梁护栏结构连接方式

6.2.5.1 基础连接

《公路交通安全设施设计细则》(JTG/T D81—2017)中第6.3.8条规定,桥梁护栏与桥面板应进行可靠连接,金属梁柱式护栏立柱与桥面板的连接可采用直接埋入式或地脚螺栓的连接方式。通过理论计算和仿真分析,综合考虑防护等级、结构形式及强度要求等因素,确定采用地脚螺栓连接方式,护栏立柱底部焊接30mm厚的法兰盘,与地脚螺栓连接,地脚螺栓埋于混凝土结构物中,每个立柱位置处设置8个直径30mm的10.9级高强度螺栓,其中靠近行车道侧设置4个、背离行车道侧设置分两排各设2个。同时,为了提高地脚螺栓定位的准确性,在基础里预埋定位板,且通过扩大立柱底板上的连接孔可以达到方便安装的效果,如图6-23所示。

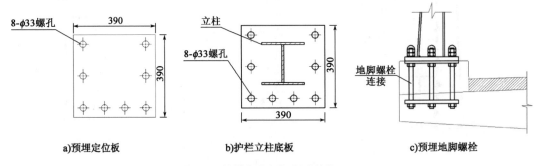

a)预埋定位板　　b)护栏立柱底板　　c)预埋地脚螺栓

图6-23 护栏基础连接(尺寸单位:mm)

此外,从鞍式列车碰撞护栏过程中地脚螺栓的受力来看,靠近立柱的两个地脚螺栓所受最大轴力为354.2kN,远离立柱的两个地脚螺栓所受最大轴力为27.8kN,地脚螺栓受力较不均匀,需要进行优化研究,如图 6-24 所示。通过计算机仿真分析,在立柱靠近迎撞面翼板处增设加劲肋可有效增强底部地脚螺栓受力的均匀性,图 6-25 为增设加劲肋优化后地脚螺栓力时程曲线,可见增设加劲肋后最大螺栓力由原 354.2kN 降低为 308kN,降幅达 13%。

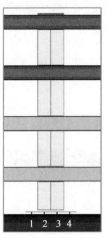

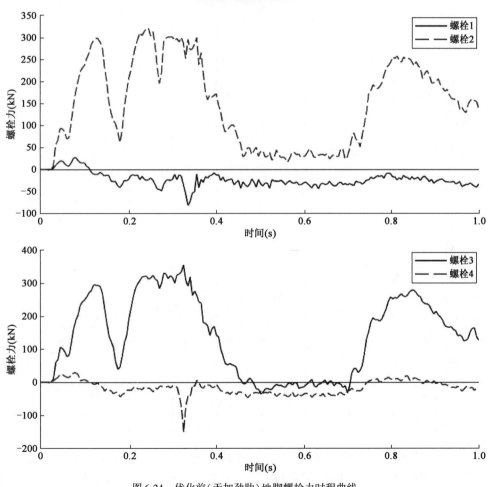

图 6-24　优化前(无加劲肋)地脚螺栓力时程曲线

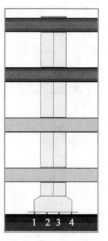

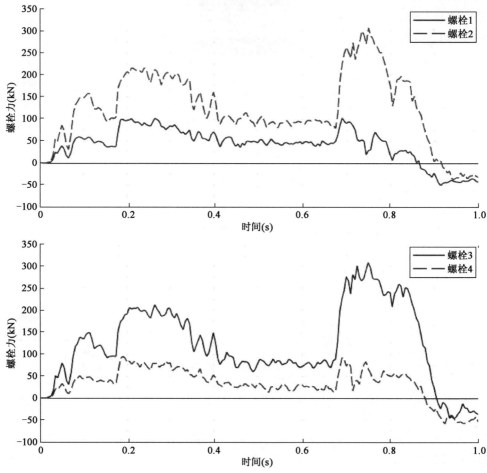

图 6-25 优化后(增设加劲肋)地脚螺栓力时程曲线

采用仿真优化确定加劲肋厚度为 12mm,结构尺寸如图 6-26a)所示,与立柱和底板进行焊接,设置如图 6-26b)所示。根据地脚螺栓所受最大力为 308kN,地脚螺栓取型号为 M30 的

10.9级高强度螺栓,其可承受最大轴力为561kN,说明具有一定的安全储备。

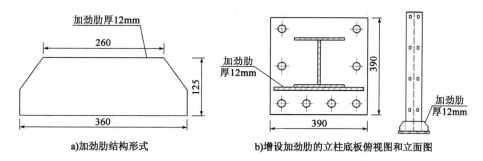

图6-26　地脚螺栓加劲肋结构及设置方式(尺寸单位:mm)

6.2.5.2　横梁、防侧倾块、立柱之间连接

对于横梁、立柱、防侧倾块之间的连接,实际工程中发现立柱之间的间距精确定位较为困难,误差往往达到厘米级别,加大了横梁与立柱之间的连接难度,且构件间连接数量较多,安装效率易受影响。为此,本书创新性地提出了"十"字长圆孔构件连接方式(图6-27a),在高度方向和水平方向给予连接螺栓一定的安装容差空间,便于构件安装;同时,护栏部分构件采用"焊接"方式进行了整合化设计(图6-27b),不仅降低了安装误差,提高了安装效率,而且使护栏结构协同受力效果更优,稳定性更好。

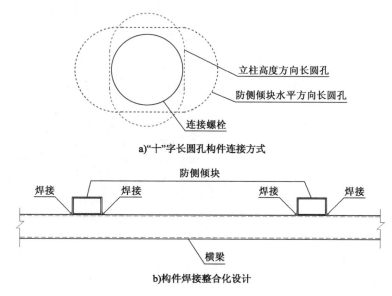

图6-27　"十"字长圆孔构件连接方式

因此,综合考虑连接强度、安装方便快捷、降低安装误差及增加容许误差等因素,通过理论及仿真反复优化分析,最终确定了横梁、立柱、防侧倾块之间的连接设计方案,如图6-28所示。其中,每个防侧倾块靠近行车道一侧的板面与横梁进行焊接,使防侧倾块与横梁形成整体;每个防侧倾块背离行车道一侧的板面上则设置2个水平方向的长圆孔,尺寸为$\phi 24mm \times 40mm$(图6-28a),每个立柱上设置8个高度方向的长圆孔,尺寸为$\phi 22mm \times 30mm$(图6-28b),使防侧倾块与立柱间拼合形成水平和高度方向均可调整的"十"字长圆孔,并通过直径20mm的

10.9 级高强度螺栓进行连接(图 6-28c),整体连接强度满足要求。护栏安装过程中,防侧倾块上的水平方向长圆孔和立柱上的高度方向长圆孔共同作用,可大大提高护栏结构安装的方便性、快捷性及容错性,而防侧倾块与立柱的焊接则更利于结构稳定、简化安装、减小误差。

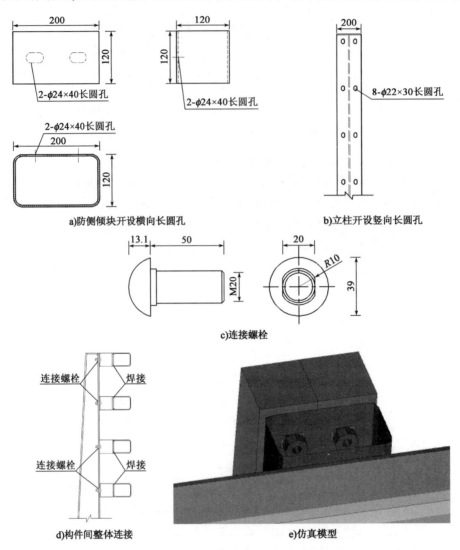

图 6-28 横梁、立柱、防侧倾块间的连接设计方案(尺寸单位:mm)

6.2.5.3 横梁间拼接

对于横梁与横梁之间的拼接,《公路交通安全设施设计细则》(JTG/T D81—2017)中第6.3.5 条5)规定,拼接套管长度应大于或等于横梁宽度的 2 倍,并不应小于 30cm;拼接套管的抗弯截面模量不应低于横梁的抗弯截面模量,连接螺栓应满足横梁极限弯曲状态下的抗剪强度要求;护栏迎撞面在横梁的拼接处可有凸出或凹入,其凸出或凹入量不得超过横梁的截面厚度或 1cm。基于规范要求及以往设计经验,结合护栏结构形式特点,确定采用拼接套管的方式,将两端横梁进行有效拼接。设计过程中主要考虑拼接位置的结构安全性、安装方便性及误差容错性三个方面的因素,通过仿真优化分析,最终确定了护栏横梁之间的拼接设计方案,如图6-29所示。

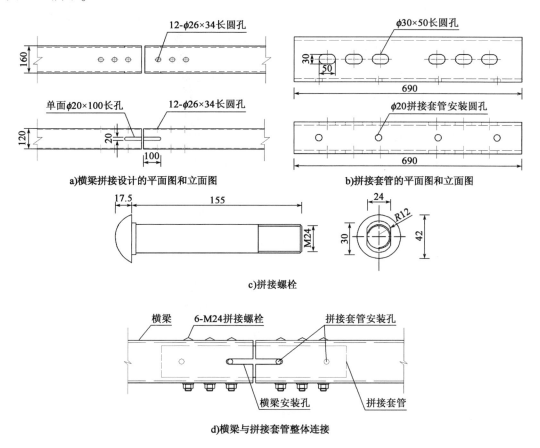

图6-29 横梁与横梁之间拼接设计方案(尺寸单位:mm)

为了保证拼接强度及容错易安装要求,在横梁和拼接套管的上、下管壁上对应开设了一定数量的"长圆孔",其中每节横梁端部上下长圆孔数量为6个,两端共计12个,尺寸为$\phi 26\text{mm} \times 34\text{mm}$,如图6-29a)所示;每个拼接套管长度为690mm,其上下长圆孔数量为12个,尺寸为$\phi 30\text{mm} \times 50\text{mm}$,如图6-29b)所示;横梁与拼接套管对应的12个螺栓孔则采用直径24mm的10.9级高强度螺栓进行连接,如图6-29c)所示。同时,为了便于拼接螺栓安装过程中拼接套管位置的调整,在每节横梁端部靠近行车道侧开设单面$\phi 20\text{mm} \times 100\text{mm}$的"长孔",在每个拼接套管的靠近行车道侧开设4个单面$\phi 20\text{mm}$的"圆孔",孔中心间距为180mm,可保证拼接套管"圆孔"至少有一个会始终置于横梁"长孔"内,方便调节与安装,如图6-29d)所示。

6.2.6 护栏优化小结

图6-30为跨江海缆索承重桥梁专用型钢护栏优化结构,主要结构参数如下:

(1)护栏顶层横梁中心距桥面高1600mm,护栏整体高度为1660mm。

(2)横梁布设层数为4层,上面两层横梁采用断面尺寸为160mm(长)×120mm(宽)×8mm(厚)的矩形管结构,下面两层横梁采用截面尺寸为160mm(长)×120mm(宽)×4mm(厚)的矩形管结构。

(3)立柱采用斜 H 型结构,翼板和腹板厚度均为 10mm 厚,底板为 30mm 厚,抗弯性能满足要求的同时,方便安装施工。

(4)防侧倾块设置于横梁与立柱之间,上面两层防侧倾块截面尺寸为 200mm(长)×120mm(宽)×120mm(高)×8mm(厚),下面两层防侧倾块截面尺寸为 200mm(长)×120mm(宽)×120mm(高)×4mm(厚)。

(5)为了提高横梁、立柱、防侧倾块安装的便捷性,采用防侧倾块前部与横梁焊接,背部设置水平方向的长圆孔,立柱上设置高度方向的长圆孔,安装时防侧倾块上的水平方向长圆孔和立柱上的高度方向长圆孔共同作用。

(6)为了提高横梁与横梁拼接的安装方便性和容错性,采用在内套管上设置长孔,横梁上设置方便内套管纵向移动的槽口方式。

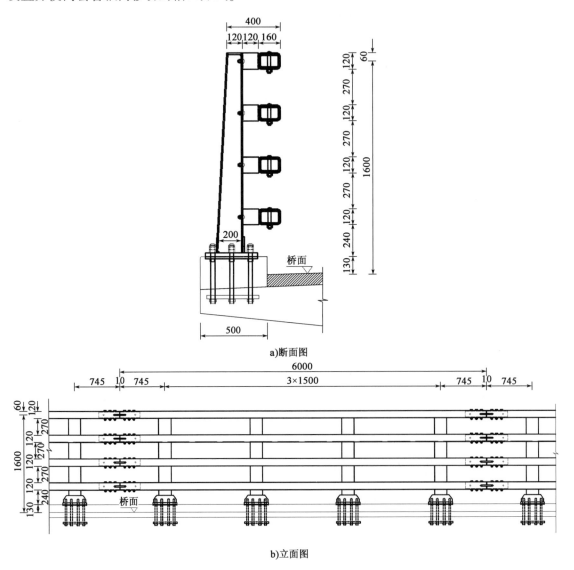

图 6-30　跨江海缆索承重桥梁专用型钢护栏优化结构(尺寸单位:mm)

6.3 基于仿真模拟技术的护栏结构安全性能评价

基于优化设计后得到的跨江海缆索承重桥梁专用型钢护栏结构形式,采用计算机仿真模拟技术,建立护栏仿真模型,并按照《公路护栏安全性能评价标准》(JTG B05-01—2013)中规定的八(HA)级护栏标准碰撞条件开展仿真碰撞分析,从而对护栏结构进行全面的安全性能评估,为实车足尺碰撞试验奠定基础。

6.3.1 仿真模型建立

图 6-31 为跨江海缆索承重桥梁专用型钢护栏结构仿真模型,立柱与横梁之间设置防阻块,防阻块分别与立柱、横梁采用螺栓连接,并在立柱上设置竖向长孔,防阻块上设置横向长孔,立柱采用斜 H 型立柱,厚度 8mm,上部两根横梁 6mm 厚,下部两根横梁 4mm 厚,护栏仿真模型长度为 40m。

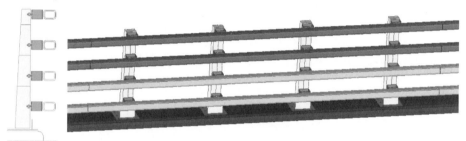

图 6-31 跨江海缆索承重桥梁专用型钢护栏结构仿真模型

表 6-5 为八(HA)级护栏标准碰撞条件,所用碰撞车型包括 1.5t 小型客车、25t 特大型客车、40t 大型货车及 55t 鞍式列车共 4 种,均为校核验证过的可靠车辆仿真模型。将护栏仿真模型导入车辆仿真模型后,按照标准规定的碰撞要求,设定不同车型的碰撞速度、碰撞角度及碰撞点位置等仿真碰撞条件,从而形成不同车型车辆碰撞护栏的仿真模型,如图 6-32 所示。

八(HA)级护栏标准碰撞条件　　　　表 6-5

防护等级	碰撞车型	车辆总质量(t)	碰撞速度(km/h)	碰撞角度(°)
八(HA)级	小型客车	1.5	100	20
	特大型客车	25	85	20
	大型货车	40	65	20
	鞍式列车	55	65	20

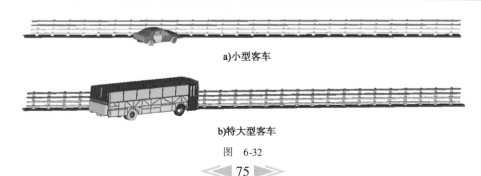

a)小型客车

b)特大型客车

图 6-32

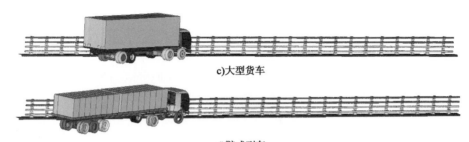

图 6-32　不同车型碰撞护栏的仿真模型

6.3.2　安全性能仿真评价

6.3.2.1　小型客车仿真碰撞结果

图 6-33 为小型客车碰撞八(HA)级跨江海缆索承重桥梁专用型钢护栏结构仿真结果,可见车辆平稳驶出,没有穿越、翻越、骑跨和下穿护栏现象,碰撞后车辆恢复到正常行驶姿态,阻挡和导向功能良好;纵向和横向的乘员碰撞后加速度分别为 $37.2 m/s^2$、$58.1 m/s^2$,均小于 $200 m/s^2$,纵向和横向的乘员碰撞速度分别为 $6.7 m/s$、$7.8 m/s$,均小于 $12 m/s$,缓冲性能良好;护栏最大横向动态变形值为 $0.165 m$,护栏最大横向动态位移外延值为 $0.557 m$。各项指标均满足现行评价标准要求。

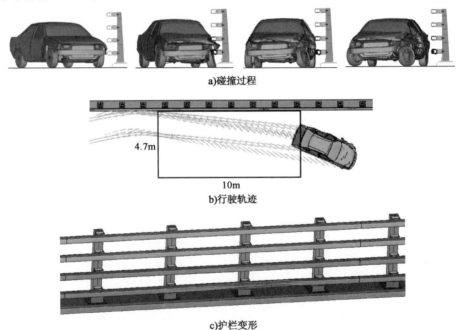

图 6-33　小型客车碰撞八(HA)级跨江海缆索承重桥梁专用型钢护栏结构仿真结果

6.3.2.2　特大型客车仿真碰撞结果

图 6-34 为特大型客车碰撞八(HA)级跨江海缆索承重桥梁专用型钢护栏结构仿真结果,可见车辆平稳驶出,没有穿越、翻越和骑跨护栏现象,碰撞后车辆恢复到正常行驶姿态,阻挡和导向功能良好;护栏最大横向动态变形值为 $0.303 m$,护栏最大横向动态位移外延值为

0.685m；特大型客车碰撞过程中最大动态外倾值为 0.641m，外倾当量值均为 0.880m。各项指标均满足现行评价标准要求。

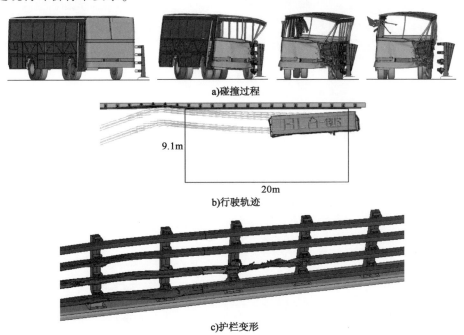

图 6-34　特大型客车碰撞八（HA）级跨江海缆索承重桥梁专用型钢护栏结构仿真结果

6.3.2.3　大型货车仿真碰撞结果

图 6-35 为大型货车碰撞八（HA）级跨江海缆索承重桥梁专用型钢护栏结构仿真结果，可见车辆平稳驶出，没有穿越、翻越和骑跨护栏现象，碰撞后车辆恢复到正常行驶姿态，阻挡和导向功能良好；护栏最大横向动态变形值为 0.460m，护栏最大横向动态位移外延值为 0.842m；大型货车碰撞过程中最大动态外倾值为 0.503m，外倾当量值均为 0.525m。各项指标均满足现行评价标准要求。

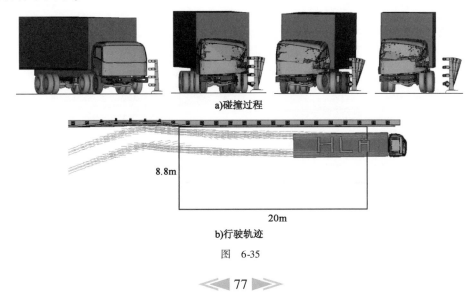

图 6-35

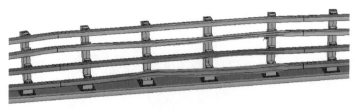

c) 护栏变形

图 6-35 大型货车碰撞八(HA)级跨江海缆索承重桥梁专用型钢护栏结构仿真结果

6.3.2.4 鞍式列车仿真碰撞结果

图 6-36 为鞍式列车碰撞八(HA)级跨江海缆索承重桥梁专用型钢护栏结构仿真结果,可见车辆平稳驶出,没有穿越、翻越和骑跨护栏现象,碰撞后车辆恢复到正常行驶姿态,阻挡和导向功能良好;护栏最大横向动态变形值为 0.653m,护栏最大横向动态位移外延值为 0.948m;鞍式列车碰撞过程中最大动态外倾值为 1.149m,外倾当量值均为 1.285m。各项指标均满足现行评价标准要求。

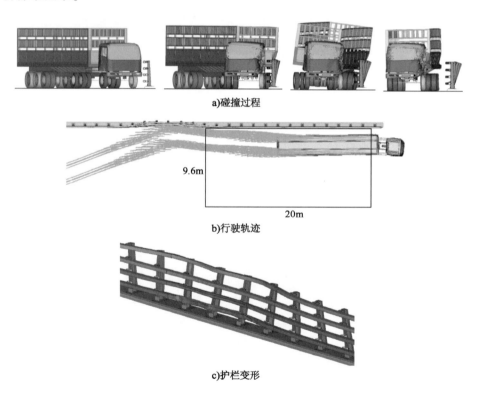

图 6-36 鞍式列车碰撞八(HA)级跨江海缆索承重桥梁专用型钢护栏结构仿真结果

6.3.2.5 仿真评价结果

将以上分析结果汇总于八(HA)级跨江海缆索承重桥梁专用型钢护栏结构安全性能仿真结果评价简表(表 6-6),可见该护栏防护能力可达到八(HA)级。

八(HA)级跨江海缆索承重桥梁专用型钢护栏结构安全性能仿真结果评价简表　　表6-6

评价项目			小型客车		特大型客车		大型货车		鞍式列车	
			测试结果	是否合格	测试结果	是否合格	测试结果	是否合格	测试结果	是否合格
阻挡功能	车辆是否穿越、翻越和骑跨护栏		否	合格	否	合格	否	合格	否	合格
	护栏构件及其脱离件是否侵入车辆乘员舱		否	合格	否	合格	否	合格	否	合格
导向功能	车辆碰撞后是否翻车		否	合格	否	合格	否	合格	否	合格
	车辆碰撞后的轮迹是否满足导向驶出框要求		是	合格	是	合格	是	合格	是	合格
缓冲功能	乘员碰撞速度(m/s)	纵向	6.7	合格	—	—	—	—	—	—
		横向	7.8	合格	—	—	—	—	—	—
	乘员碰撞后加速度(m/s^2)	纵向	37.2	合格	—	—	—	—	—	—
		横向	58.1	合格	—	—	—	—	—	—
护栏最大横向动态变形值 D(m)			0.165		0.303		0.460		0.653	
护栏最大横向动态位移外延值 W(m)			0.557		0.685		0.842		0.948	
车辆最大动态外倾值 VI(m)			—		0.641		0.503		1.149	
车辆最大动态外倾当量值 VI_n(m)					0.880		0.525		1.285	
评价结论			该护栏标准段安全性能满足八(HA)防护等级要求							

6.4 本章小结

本章基于跨江海缆索承重桥梁的特殊需求,结合相关技术经验和标准规范规定,采用理论计算、材料试验及计算机仿真分析等技术手段,对护栏高度、横梁结构与布置、立柱结构与间距、连接方式等方面的设计优化进行详细论述,最终研究得出满足跨江海缆索承重桥梁使用要求的八(HA)级梁柱式型钢桥梁护栏结构。同时,按照《公路护栏安全性能评价标准》(JTG B05-01—2013)中八(HA)级的碰撞条件,采用小型客车、特大型客车、大型货车及鞍式列车4种车型进行了护栏安全性能仿真预评估,各项指标均满足要求,说明该护栏结构具备开展实车足尺碰撞试验护栏安全性能评价的条件。

第7章 跨江海缆索承重桥梁专用型钢护栏安全性能评价

本章依据《公路护栏安全性能评价标准》(JTG B05-01—2013)要求,在国家授权的法定试验场开展跨江海缆索承重桥梁专用型钢护栏实车足尺碰撞试验,对其安全防护性能进行客观、可靠、合规的评价。下面重点介绍跨江海缆索承重桥梁专用型钢护栏的试验碰撞条件、试验护栏、试验车辆、试验数据分析。

7.1 试验碰撞条件

由于开展护栏实车足尺碰撞试验过程中,受到客观环境因素(如风速不同)的影响,实车足尺碰撞试验碰撞条件比标准碰撞条件存在一定偏差,对此,从保证护栏安全防护能力角度出发,《公路护栏安全性能评价标准》(JTG B05-01—2013)中第5.6.1条规定:护栏标准段、护栏过渡段和中央分隔带开口护栏的试验碰撞条件容许误差应符合表5.6.1(本书表7-1)的规定,大中型车辆(包括特大型客车)的碰撞能量不得低于相应防护等级的设计防护能量。

护栏标准段、护栏过渡段和中央分隔带开口护栏的试验碰撞条件容许误差　　表7-1

车辆类型	车辆总质量容许误差(kg)	碰撞速度容许误差(km/h)	碰撞角度容许误差(°)
1.5t 小型客车	-75 ~ 0	0 ~ +4	-1.0 ~ +1.5
6t 和 10t 中型车辆	0 ~ +300		
14t 大型客车	0 ~ +400		
18t 及 18t 以上大型车辆(包括特大型客车)	0 ~ +500		

跨江海缆索承重桥梁专用型钢护栏设计防护能力为八(HA)级,碰撞车型分别为1.5t 小型客车、25t 特大型客车、40t 大型货车和55t 鞍式列车,结合表7-1的试验碰撞条件容许误差要求,提炼整理出八(HA)级护栏的标准碰撞条件及试验容许误差,见表7-2。

八(HA)级护栏的标准碰撞条件及试验容许误差　　表7-2

碰撞车型	车辆总质量		碰撞速度		碰撞角度	
	标准值(t)	容许误差(kg)	标准值(km/h)	容许误差(km/h)	标准值(°)	容许误差(°)
小型客车	1.5	-75 ~ 0	100	0 ~ +4	20	-1.0 ~ +1.5

续上表

碰撞车型	车辆总质量		碰撞速度		碰撞角度	
	标准值(t)	容许误差(kg)	标准值(km/h)	容许误差(km/h)	标准值(°)	容许误差(°)
特大型客车	25	0 ~ +500	85	0 ~ +4	20	-1.0 ~ +1.5
大型货车	40	0 ~ +500	65	0 ~ +4	20	-1.0 ~ +1.5
鞍式列车	55	0 ~ +500	65	0 ~ +4	20	-1.0 ~ +1.5

通过试验检测，八（HA）级跨江海缆索承重桥梁专用型钢护栏的试验碰撞条件见表7-3，容许误差符合规范要求，且均为正偏差，特大型客车、大型货车和鞍式列车的碰撞能量均大于设计防护能量760kJ，试验护栏所防护的最大碰撞能量为1089kJ。

八（HA）级跨江海缆索承重桥梁专用型钢护栏的试验碰撞条件　　表7-3

防护等级	碰撞车型	车辆总质量(t)	碰撞速度(km/h)	碰撞角度(°)	碰撞能量(kJ)
八（HA）级 （≥760kJ）	小型客车	1.472	100.3	20.4	69
	特大型客车	25.212	86.5	20.4	884
	大型货车	40.154	65.2	20.1	777
	鞍式列车	55.338	65.1	20.3	1089

7.2 试验护栏

根据设计图纸规定的护栏结构尺寸、材料型号、性能指标、下部基础及端部锚固等方面的要求，按照1:1比例，在合格的碰撞试验广场上修建试验用跨江海缆索承重桥梁专用型钢护栏，且施工安装符合公路交通安全设施施工相关技术规范的要求。

试验护栏主要由钢横梁、立柱、套管、混凝土基础构成，安装高度为1.66m，安装长度为42m。图7-1为试验用跨江海缆索承重桥梁专用型钢护栏照片。

a)护栏前部

b)护栏背部

图 7-1

c) 护栏螺栓

d) 护栏立柱

图 7-1　试验用跨江海缆索承重桥梁专用型钢护栏照片

7.3　试验车辆

八（HA）级跨江海缆索承重桥梁专用型钢护栏试验碰撞车型包括小型客车、特大型客车、大型货车和鞍式列车共 4 种，如图 7-2 所示。

a) 小型客车

b) 特大型客车

c) 大型货车

d) 鞍式列车

图 7-2　试验用车辆

试验所用车辆总成完整，车辆的转向系统、悬架系统、车轮、前后桥和轮胎气压等均符合正常行驶的技术要求，车辆的总质量、长度、宽度、轮距、轴距和重心位置等均满足评价标准的技术参数要求。

7.4 试验数据分析

通过开展跨江海缆索承重桥梁专用型钢护栏的实车足尺碰撞试验,结合采集的相关数据资料,从符合《公路护栏安全性能评价标准》(JTG B05-01—2013)要求角度出发,分别对防护小型客车、特大型客车、大型货车和鞍式列车4种车型的效果进行介绍。

7.4.1 小型客车碰撞结果

图 7-3 为小型客车碰撞跨江海缆索承重桥梁专用型钢护栏的行驶姿态与轨迹,可见小型客车碰撞护栏后平稳驶出,并恢复到正常行驶姿态,没有穿越、翻越、骑跨和下穿护栏的现象,护栏构件及脱离件没有侵入车辆乘员舱,阻挡功能良好,满足评价标准要求。

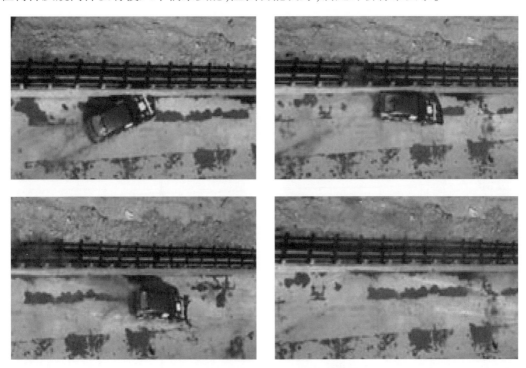

图 7-3 小型客车碰撞护栏行驶姿态与轨迹

图 7-4 为小型客车导向驶出框,可以看出小型客车在距驶离点 10m 范围内没有越过导向驶出框边界线 F,导向功能良好,满足评价标准要求。

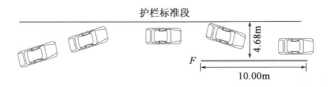

图 7-4 小型客车导向驶出框

图 7-5 和图 7-6 分别为小型客车乘员碰撞速度（纵向 x 和横向 y）和乘员碰撞后加速度（纵向 x 和横向 y）的原始数据曲线。通过对数据进行滤波处理，可以看出乘员碰撞速度的纵向 x 和横向 y 分量绝对值的最大值分别为 5.0m/s 和 7.8m/s，均小于 12m/s；乘员碰撞后加速度的纵向 x 和横向 y 分量绝对值的最大值分别为 41.1m/s^2 和 116m/s^2，均小于 200m/s^2，缓冲功能良好。各指标满足评价标准要求。

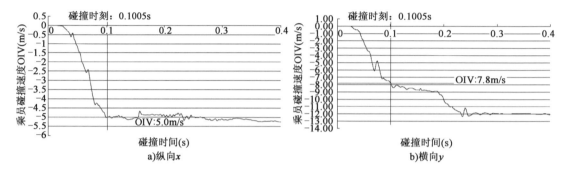

图 7-5 小型客车乘员碰撞速度

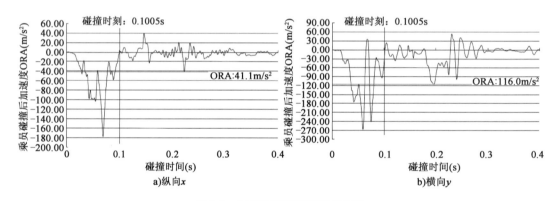

图 7-6 小型客车乘员碰撞后加速度

图 7-7 为小型客车碰撞后护栏变形损坏情况，可以看出护栏没有明显变形，无结构性损坏。经测量，护栏最大横向动态变形值为 0.05m，护栏最大横向动态位移外延值为 0.50m，小型客车与护栏的刮擦长度为 3.02m。

图 7-7

图 7-7 小型客车碰撞后护栏变形损坏情况

图 7-8 为小型客车碰撞后车辆变形损坏情况,可以看出车辆前保险杠损坏脱落、车辆左前照灯损坏脱落、车辆左前侧车体剐擦变形损坏,但车辆门窗基本无变形,车厢内部空间没有受到严重挤压,乘员舱保持完整,可以保护车内成员的安全。

图 7-8 小型客车碰撞后车辆变形损坏情况

表 7-4 为小型客车碰撞跨江海缆索承重桥梁专用型钢护栏的试验结果,可以看出各项检测指标均满足《公路护栏安全性能评价标准》(JTG B05-01—2013)要求,说明护栏可对小型客车进行有效防护。

小型客车碰撞跨江海缆索承重桥梁专用型钢护栏安全性能评价简表　　表7-4

评价项目	评价指标		检测结果	
			测试结果	是否合格
阻挡功能	车辆是否穿越、翻越和骑跨护栏		否	合格
	护栏构件及其脱离件是否侵入车辆乘员舱		否	合格
导向功能	车辆碰撞后是否翻车		否	合格
	车辆碰撞后的轮迹是否满足导向驶出框要求		是	合格
缓冲功能	乘员碰撞速度(m/s)	纵向 $x \leqslant 12$	5.0	合格
		横向 $y \leqslant 12$	7.8	合格
	乘员碰撞后加速度(m/s²)	纵向 $x \leqslant 200$	41.1	合格
		横向 $y \leqslant 200$	116.0	合格
	护栏最大横向动态变形值 D(m)		0.05	
	护栏最大横向动态位移外延值 W(m)		0.50	

7.4.2 特大型客车碰撞结果

图7-9为特大型客车碰撞跨江海缆索承重桥梁专用型钢护栏的行驶姿态与轨迹,可见特大型客车碰撞护栏后平稳驶出,并恢复到正常行驶姿态,没有穿越、翻越和骑跨护栏的现象,护栏构件及脱离件没有侵入车辆乘员舱,阻挡功能良好,满足评价标准要求。

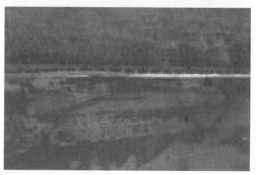

图7-9　特大型客车碰撞护栏行驶姿态与轨迹

图7-10为特大型客车导向驶出框,可以看出特大型客车在距驶离点20m范围内没有越过导向驶出框边界线F,导向功能良好,满足评价标准要求。

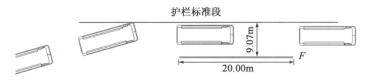

图7-10 特大型客车导向驶出框

图7-11为特大型客车碰撞后护栏变形损坏情况,可以看出护栏产生一定变形,但无结构性损坏。经测量,自起始端起第8.25~18.75m护栏上三层横梁弯曲,第10.80~18.00m护栏下层横梁弯曲,第7~12根立柱变形,车辆与护栏的刮擦长度为11.0m;护栏最大横向动态变形值为0.35m、最大横向动态位移外延值为0.70m,特大型客车最大动态外倾值为0.65m、最大动态外倾当量值为0.80m。

图7-11 特大型客车碰撞后护栏变形损坏情况

图7-12为特大型客车碰撞后车辆变形损坏情况,可以看出车辆前保险杠损坏,车辆前照灯损坏脱落,车辆前风窗玻璃破裂脱落,车辆左侧车体刮擦损坏,但车厢内部空间没有受到严重挤压,乘员舱保持完整。

表7-5为特大型客车碰撞跨江海缆索承重桥梁专用型钢护栏的试验结果,可以看出各项检测指标均满足《公路护栏安全性能评价标准》(JTG B05-01—2013)要求,说明护栏可对特大型客车进行有效防护。

图 7-12 特大型客车碰撞后车辆变形损坏情况

特大型客车碰撞跨江海缆索承重桥梁专用型钢护栏安全性能评价简表　　　表 7-5

评价项目	评价指标	检测结果	
		测试结果	是否合格
阻挡功能	车辆是否穿越、翻越和骑跨护栏	否	合格
	护栏构件及其脱离件是否侵入车辆乘员舱	否	合格
导向功能	车辆碰撞后是否翻车	否	合格
	车辆碰撞后的轮迹是否满足导向驶出框要求	是	合格
护栏最大横向动态变形值 $D(m)$		0.35	
护栏最大横向动态位移外延值 $W(m)$		0.70	
车辆最大动态外倾值 $VI(m)$		0.65	
车辆最大动态外倾当量值 $VI_n(m)$		0.80	

7.4.3　大型货车碰撞结果

图 7-13 为大型货车碰撞跨江海缆索承重桥梁专用型钢护栏的行驶姿态与轨迹,可见大型货车碰撞护栏后平稳驶出,并恢复到正常行驶姿态,没有穿越、翻越和骑跨护栏的现象,护栏构件及脱离件没有侵入车辆乘员舱,阻挡功能良好,满足评价标准要求。

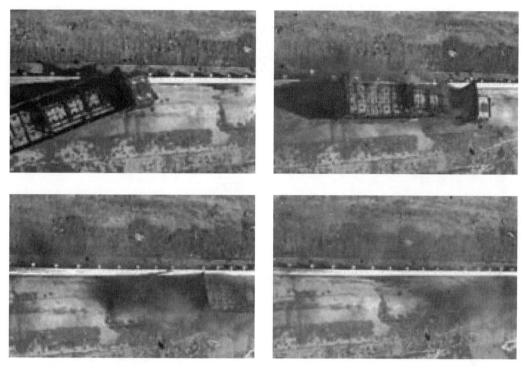

图 7-13　大型货车碰撞护栏行驶姿态与轨迹

图 7-14 为大型货车导向驶出框,可以看出大型货车在距驶离点 20m 范围内没有越过导向驶出框边界线 F,导向功能良好,满足评价标准要求。

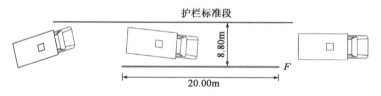

图 7-14　大型货车导向驶出框

图 7-15 为大型货车碰撞后护栏变形损坏情况,可以看出护栏产生一定变形,但无结构性损坏。经测量,自起始端起第 9.00~19.50m 护栏上三层横梁弯曲,第 13.50~18.00m 护栏下层横梁弯曲,第 7~12 根立柱变形,车辆与护栏的刮擦长度为 10.5m;护栏最大横向动态变形值为 0.35m、最大横向动态位移外延值为 0.70m,大型货车最大动态外倾值为 0.65m、最大动态外倾当量值为 0.80m。

图 7-16 为大型货车碰撞后车辆变形损坏情况,可以看出车辆前保险杠损坏,车辆前盖损坏,车辆前风窗玻璃破裂脱落,车辆左侧车体刮擦损坏,但车厢整体保持完好,驾驶室没有受到严重挤压。

表 7-7 为大型货车碰撞跨江海缆索承重桥梁专用型钢护栏的试验结果,可以看出各项检测指标均满足《公路护栏安全性能评价标准》(JTG B05-01—2013)要求,说明护栏可对大型货车进行有效防护。

图 7-15　大型货车碰撞后护栏变形损坏情况

图 7-16　大型货车碰撞后车辆变形损坏情况

大型货车碰撞跨江海缆索承重桥梁专用型钢护栏安全性能评价简表　　表7-7

评价项目	评价指标	检测结果	
		测试结果	是否合格
阻挡功能	车辆是否穿越、翻越和骑跨护栏	否	合格
	护栏构件及其脱离件是否侵入车辆乘员舱	否	合格
导向功能	车辆碰撞后是否翻车	否	合格
	车辆碰撞后的轮迹是否满足导向驶出框要求	是	合格
护栏最大横向动态变形值 $D(m)$		0.35	
护栏最大横向动态位移外延值 $W(m)$		0.70	
车辆最大动态外倾值 $VI(m)$		0.65	
车辆最大动态外倾当量值 $VI_n(m)$		0.80	

7.4.4 鞍式列车碰撞结果

图7-17为鞍式列车碰撞跨江海缆索承重桥梁专用型钢护栏行驶姿态与轨迹,可见鞍式列车碰撞护栏后平稳驶出,并恢复到正常行驶姿态,没有穿越、翻越和骑跨护栏的现象,护栏构件及脱离件没有侵入车辆乘员舱,阻挡功能良好,满足评价标准要求。

图7-17　鞍式列车碰撞护栏行驶姿态与轨迹

图 7-18 为鞍式列车导向驶出框,可以看出大型货车在距驶离点 20m 范围内没有越过导向驶出框边界线 F,导向功能良好,满足评价标准要求。

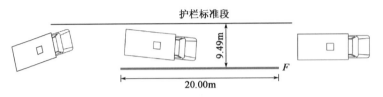

图 7-18　鞍式列车导向驶出框

图 7-19 为鞍式列车碰撞后护栏变形损坏情况,可以看出护栏产生一定变形,但无结构性损坏。经测量,自起始端起第 9.75~20.25m 护栏上两层横梁弯曲,第 12.75~17.25m 护栏下两层横梁弯曲,第 8~13 根立柱变形,车辆与护栏的刮擦长度为 12.50m;护栏最大横向动态变形值为 0.55m,最大横向动态位移外延值为 0.95m,鞍式列车最大动态外倾值为 1.10m、最大动态外倾当量值为 1.40m。

图 7-19　鞍式列车碰撞后护栏变形损坏情况

图 7-20 为鞍式列车碰撞后车辆变形损坏情况,可以看出车辆前保险杠损坏,车辆前盖损坏,车辆前照灯损坏,驾驶室车门损坏,前风窗玻璃完好,乘员舱没有受到严重挤压。

表 7-8 为鞍式列车碰撞跨江海缆索承重桥梁专用型钢护栏的试验结果,可以看出各项检测指标均满足《公路护栏安全性能评价标准》(JTG B05-01—2013)要求,说明护栏可对鞍式列车进行有效防护。

图 7-20　鞍式列车碰撞后车辆变形损坏情况

鞍式列车碰撞跨江海缆索承重桥梁专用型钢护栏安全性能评价简表　　表 7-8

评价项目	评价指标	检测结果	
		测试结果	是否合格
阻挡功能	车辆是否穿越、翻越和骑跨护栏	否	合格
	护栏构件及其脱离件是否侵入车辆乘员舱	否	合格
导向功能	车辆碰撞后是否翻车	否	合格
	车辆碰撞后的轮迹是否满足导向驶出框要求	是	合格
护栏最大横向动态变形值 $D(m)$		0.55	
护栏最大横向动态位移外延值 $W(m)$		0.95	
车辆最大动态外倾值 $VI(m)$		1.10	
车辆最大动态外倾当量值 $VI_n(m)$		1.40	

7.5　本章小结

综上所述,通过小型客车、特大型客车、大型货车和鞍式列车的实车足尺碰撞试验验证,跨江海缆索承重桥梁专用型钢护栏满足阻挡功能、导向功能和缓冲功能所对应的评价指标要求,防护等级达到《公路护栏安全性能评价标准》(JTG B05-01—2013)规定的八(HA)级(表7-9),可以在实际工程中进行安全、合规应用。

八(HA)级跨江海缆索承重桥梁专用型钢护栏的安全性能评价简表　　　表 7-9

评价项目			小型客车		特大型客车		大型货车		鞍式列车	
			测试结果	是否合格	测试结果	是否合格	测试结果	是否合格	测试结果	是否合格
阻挡功能	车辆是否穿越、翻越和骑跨护栏		否	合格	否	合格	否	合格	否	合格
	护栏构件及其脱离件是否侵入车辆乘员舱		否	合格	否	合格	否	合格	否	合格
导向功能	车辆碰撞后是否翻车		否	合格	否	合格	否	合格	否	合格
	车辆碰撞后的轮迹是否满足导向驶出框要求		是	合格	是	合格	是	合格	是	合格
缓冲功能	乘员碰撞速度 (m/s)	纵向	5.0	合格	—	—	—	—	—	—
		横向	7.8	合格	—	—	—	—	—	—
	乘员碰撞后加速度 (m/s^2)	纵向	41.1	合格	—	—	—	—	—	—
		横向	116.0	合格	—	—	—	—	—	—
护栏最大横向动态变形值 $D(m)$			0.05		0.30		0.35		0.55	
护栏最大横向动态位移外延值 $W(m)$			0.50		0.70		0.70		0.95	
车辆最大动态外倾值 $VI(m)$			—		0.65		0.65		1.10	
车辆最大动态外倾当量值 $VI_n(m)$			—		0.80		0.80		1.40	
评价结论			该护栏标准段安全性能满足八(HA)防护等级要求							

通过碰撞试验验证安全性能满足规范要求的八(HA)级跨江海缆索承重桥梁专用型钢护栏技术成果,已在武穴长江公路大桥(斜拉桥)桥侧进行了安全应用,如图 7-21 所示。该成果的应用可提高武穴长江公路大桥的运营安全水平,降低车辆冲出护栏坠桥或碰撞桥梁斜拉索的事故概率及严重程度,整体应用效果良好,可作为跨江海缆索承重桥梁的专用护栏进行推广应用。

图 7-21　武穴长江公路大桥

第 8 章 跨江海缆索承重桥梁专用型钢护栏结构适应安全性能分析

由于护栏在实际工程的设置条件与试验场的设置条件相差较大,经实车足尺碰撞试验验证的护栏可能需要结合工程实际进行结构调整,以及较大的施工安装误差有时也是无法规避的,从而导致实际应用的护栏与试验检测合格的护栏结构有所出入。对此,本章按照《公路护栏安全性能评价标准》(JTG B05-01—2013)对护栏安全性能评价指标及碰撞条件的要求,以护栏结构是否达到相应防护等级为准则,采用计算机仿真模拟技术,对跨江海缆索承重桥梁专用型钢护栏的高度、宽度、连接强度三个方面进行结构适应安全性能分析与评价(具体评价方法详见 5.3 节)。

8.1 护栏高度适应性分析

经试验验证合格的跨江海缆索承重桥梁专用型钢护栏,其最上层横梁中心距桥面高度为 1600mm,护栏整体高度为 1660mm。然而,在实际工程应用过程中,受到桥面加铺罩面、桥面高程沉降、桥梁及护栏施工误差,以及考虑后期维护对护栏预加高处理等因素影响,部分桥梁护栏的实际设置高度与标准设计高度可能存在一定差异,且主要体现在护栏下部基座的桥面以上高度值上。图 8-1 为影响桥梁护栏高度变化的部分因素,图 8-2 为八(HA)级跨江海缆索承重桥梁专用型钢护栏结构高度差异化类型。

a) 桥面加铺　　　　　　　　　　　　b) 桥面下沉

图 8-1　影响桥梁护栏结构高度变化的部分因素

护栏高度是决定其防护能力的重要结构参数之一,若护栏高度设置不合理,很可能导致车辆翻越或穿越护栏,无法对事故车辆进行有效防护,达不到设计的防护能力。为了更好地保证八(HA)级跨江海缆索承重桥梁专用型钢护栏的安全合理应用,下面将采用计算机仿真模拟技术,建立不同结构高度(基座高度)的护栏仿真模型,以标准高度的护栏结构为基准,对比分析高度降低或升高对护栏安全防护性能影响,并从安全角度出发,给出八(HA)级跨江海缆索承重桥梁专用型钢护栏高度的适应范围。

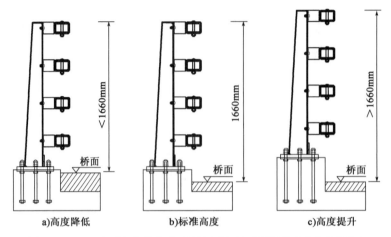

图8-2　八(HA)级跨江海缆索承重桥梁专用型钢护栏结构高度差异化类型

8.1.1　护栏高度降低适应性分析

八(HA)级跨江海缆索承重桥梁专用型钢护栏下部基座标准高度为130mm,结合实际工程桥面加铺或沉陷等情况的特点,将重点针对混凝土基座高度降低50mm、护栏整体高度降至1610mm和混凝土基座高度降低100mm、护栏整体高度降至1560mm的两种护栏结构开展高度降低适应性分析,如图8-3所示。

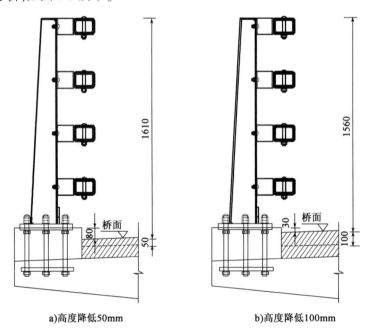

图8-3　高度降低的两种护栏结构(尺寸单位:mm)

为了确保护栏高度降低适应性分析的合理性与高效性,在碰撞车型方面进行优选,一方面,考虑到护栏高度的降低导致小型客车接触护栏的位置发生改变,从车辆及乘员保护角度出发,将1.5t小型客车作为碰撞车型之一;另一方面,依据以往研究经验,护栏整体高度的降低对大型车辆的安全防护效果较不利,易出现穿越、翻越、骑跨护栏等情况,且结合八(HA)级跨江海缆索承重桥梁专用型钢护栏实车足尺碰撞试验结果,4种碰撞车型中鞍式列车的碰撞能量最大,碰撞后护栏的变形值及车辆的侧倾值亦最大(表8-1),从最不利角度出发,将55t鞍式列车作为另一种碰撞车型。

八(HA)级跨江海缆索承重桥梁专用型钢护栏实车足尺碰撞试验结果　　表8-1

项　目	小型客车	特大型客车	大型货车	鞍式列车
试验护栏防护能量(kJ)	69	884	777	1089
护栏最大横向动态变形值 D(m)	0.05	0.30	0.35	0.55
护栏最大横向动态位移外延值 W(m)	0.50	0.70	0.70	0.95
车辆最大动态外倾值 VI(m)	—	0.65	0.65	1.10
车辆最大动态外倾当量值 VI_n(m)	—	0.80	0.80	1.40

因此,下面将采用小型客车和鞍式列车作为碰撞车型,针对八(HA)级跨江海缆索承重桥梁专用型钢护栏整体高度由1660mm降至1610mm和1560mm的结构,开展护栏安全性能仿真碰撞分析。

8.1.1.1　护栏整体高度1610mm仿真碰撞结果

图8-4为建立的整体高度为1610mm的八(HA)级跨江海缆索承重桥梁专用型钢护栏仿真模型,其中上部钢结构保持不变,下部基座桥面以上高度为80mm,并采用1.5t小型客车以100km/h碰撞速度、20°碰撞角度和55t鞍式列车以65km/h碰撞速度、20°碰撞角度分别碰撞护栏结构。

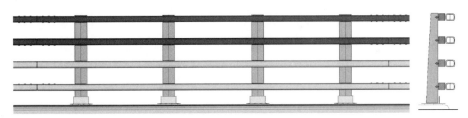

图8-4　整体高度为1610mm的八(HA)级专用型钢护栏仿真模型

仿真碰撞结果显示,小型客车和鞍式列车均平稳驶出,没有穿越、翻越、骑跨护栏现象,护栏构件并未侵入乘员舱,且碰撞后车辆恢复到正常行驶姿态,阻挡和导向功能良好;纵向和横向的乘员碰撞后加速度分别为72.56m/s²、70.34m/s²,均小于200m/s²,纵向和横向的乘员碰撞速度分别为5.21m/s、8.06m/s,均小于12m/s,缓冲性能良好;小型客车碰撞后护栏最大横向动态变形值为0.193m、护栏最大横向动态位移外延值为0.557m,鞍式列车碰撞后护栏最大横向动态变形值为0.646m、最大横向动态位移外延值为0.947m,鞍式列车最大动态外倾值为1.078m、最大动态外倾当量值为1.201m。相关指标符合评价标准要求。图8-5、图8-6分别为小型客车、鞍式列车的仿真碰撞结果。

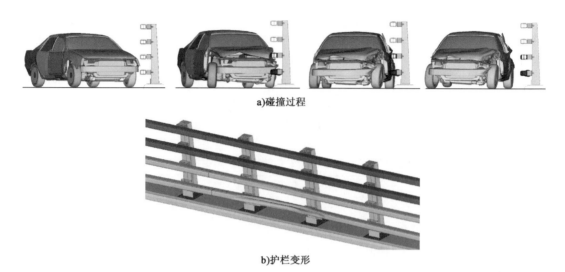

a) 碰撞过程

b) 护栏变形

图 8-5　护栏整体高度 1610mm 条件下的小型客车仿真碰撞结果

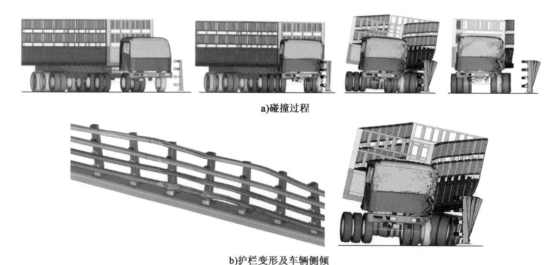

a) 碰撞过程

b) 护栏变形及车辆侧倾

图 8-6　护栏整体高度 1610mm 条件下的鞍式列车仿真碰撞结果

8.1.1.2　护栏整体高度 1560mm 仿真碰撞结果

图 8-7 为建立的整体高度为 1560mm 的八（HA）级跨江海缆索承重桥梁专用型钢护栏仿真模型，其中上部钢结构保持不变，下部混凝土基座桥面以上高度为 30mm，并采用 1.5t 小型客车以 100km/h 碰撞速度、20°碰撞角度和 55t 鞍式列车以 65km/h 碰撞速度、20°碰撞角度分别碰撞护栏结构。

仿真碰撞结果显示，小型客车和鞍式列车均平稳驶出，没有穿越、翻越、骑跨护栏现象，护栏构件并未侵入乘员舱，且碰撞后车辆恢复到正常行驶姿态，阻挡和导向功能良好；纵向和横向的乘员碰撞后加速度分别为 53.39m/s²、60.59m/s²，均小于 200m/s²，纵向和横向的乘员碰撞速度分别为 5.69m/s、7.94m/s，均小于 12m/s，缓冲性能良好；小型客车碰撞后护栏最大横向动态变形值为 0.194m，护栏最大横向动态位移外延值为 0.557m，鞍式列车碰撞后护栏最大横向动态变形值为 0.686m、最大横向动态位移外延值为 0.981m,鞍式列车最大动态外倾值为 1.069m、最大动态外倾当量值为 1.172m。相关指标符合评价标准要求。图 8-8、图 8-9 分别为小型客车、鞍式列车仿真碰撞结果。

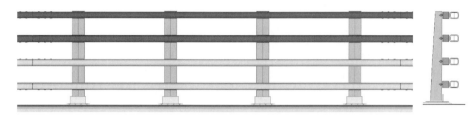

图 8-7　整体高度为 1560mm 的专用型钢护栏仿真模型

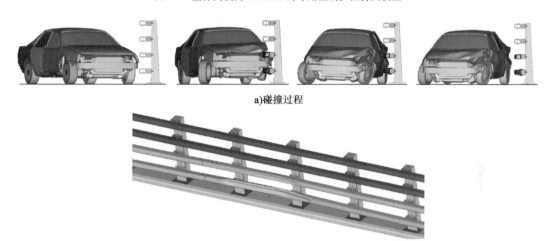

图 8-8　护栏整体高度 1560mm 条件下的小型客车仿真碰撞结果

a)碰撞过程

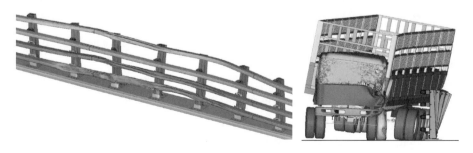

b)护栏变形及车辆侧倾

图 8-9　护栏整体高度 1560mm 条件下的鞍式列车仿真碰撞结果

由上可知,八(HA)级跨江海缆索承重桥梁专用型钢护栏整体高度降低50mm和100mm后,护栏仍可达到设计防护能力。

8.1.2 护栏高度提升适应性分析

对于八(HA)级跨江海缆索承重桥梁专用型钢护栏高度提升适应分析来说,考虑到实际工程护栏预加高或施工误差等客观情况,从可操作性和较不利角度出发,将护栏下部基座高度分别增加了50mm和100mm,护栏整体高度则由标准值1660mm分别提升至1710mm和1760mm,如图8-10所示。同时,依据以往研究经验,护栏高度提升对于大型车辆防护更为有利,但下部基座高度的增加可能会对小型客车乘员安全及大型车辆行驶姿态造成一定影响,因此亦选用小型客车和鞍式列车作为碰撞车型,针对整体高度分别为1710mm和1760mm的八(HA)级跨江海缆索承重桥梁专用型钢护栏结构,采用计算机仿真模拟技术开展安全性能仿真碰撞分析。

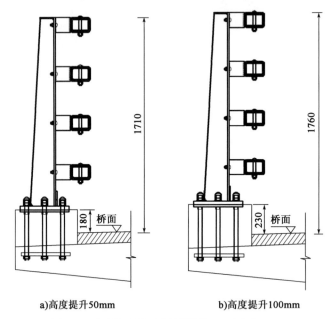

a)高度提升50mm　　　　　　　b)高度提升100mm

图8-10　高度提升的两种护栏结构(尺寸单位:mm)

8.1.2.1 护栏整体高度1710mm仿真碰撞结果

图8-11为建立的整体高度为1710mm的八(HA)级跨江海缆索承重桥梁专用型钢护栏仿真模型,其中上部钢结构保持不变,下部混凝土基座桥面以上高度为180mm,并采用1.5t小型客车以100km/h碰撞速度、20°碰撞角度和55t鞍式列车以65km/h碰撞速度、20°碰撞角度分别碰撞护栏结构。

仿真碰撞结果显示,小型客车和鞍式列车均平稳驶出,没有穿越、翻越、骑跨护栏现象,护栏构件并未侵入乘员舱,且碰撞后车辆恢复到正常行驶姿态,阻挡和导向功能良好;纵向和横向的乘员碰撞后加速度分别为58.11m/s²、64.98m/s²,均小于200m/s²,纵向和横向的乘员碰撞速度分别为5.23m/s、7.89m/s,均小于12m/s,缓冲性能良好;小型客车碰撞后护栏最大横向动态变形值为0.157m,护栏最大横向动态位移外延值为0.557m,鞍式列车碰撞后护栏最大横向动态变形值为0.597m、最大横向动态位移外延值为0.936m,鞍式列车最大动态外倾值为

1.069m、最大动态外倾当量值为1.202m。相关指标符合评价标准要求。图8-12、图8-13分别为小型客车、鞍式列车仿真碰撞结果。

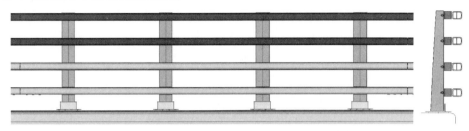

图8-11 整体高度为1710mm的专用型钢护栏仿真模型

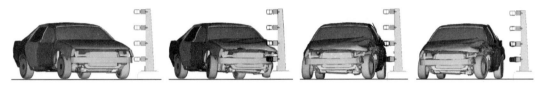

a)碰撞过程

b)护栏变形

图8-12 护栏整体高度1710mm条件下的小型客车仿真碰撞结果

a)碰撞过程

b)护栏变形及车辆侧倾

图8-13 护栏整体高度1710mm条件下的鞍式列车仿真碰撞结果

8.1.2.2　护栏整体高度1760mm仿真碰撞结果

图 8-14 为建立的整体高度为 1760mm 的八(HA)级跨江海缆索承重桥梁专用型钢护栏仿真模型,其中上部钢结构保持不变,下部混凝土基座桥面以上高度为 230mm,并采用 1.5t 小型客车以 100km/h 碰撞速度、20°碰撞角度和 55t 鞍式列车以 65km/h 碰撞速度、20°碰撞角度分别碰撞护栏结构。

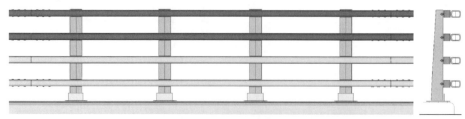

图 8-14　整体高度为 1760mm 的专用型钢护栏仿真模型

仿真碰撞结果显示,小型客车和鞍式列车均平稳驶出,没有穿越、翻越、骑跨护栏现象,护栏构件并未侵入乘员舱,且碰撞后车辆恢复到正常行驶姿态,阻挡和导向功能良好;纵向和横向的乘员碰撞后加速度分别为 135.28m/s^2、109.51m/s^2,均小于 200m/s^2,纵向和横向的乘员碰撞速度分别为 5.09m/s、7.99m/s,均小于 12m/s,缓冲性能良好;小型客车碰撞后护栏最大横向动态变形值为 0.169m、护栏最大横向动态位移外延值为 0.557m,鞍式列车碰撞后护栏最大横向动态变形值为 0.529m、最大横向动态位移外延值为 0.889m,鞍式列车最大动态外倾值为 0.983m、最大动态外倾当量值为 1.086m。相关指标符合评价标准要求。图 8-15、图 8-16 分别为小型客车、鞍式列车仿真碰撞结果。

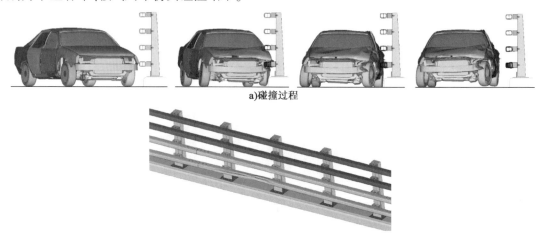

a)碰撞过程

b)护栏变形

图 8-15　护栏整体高度 1760mm 条件下的小型客车仿真碰撞结果

a)碰撞过程

图 8-16

b)护栏变形及车辆侧倾

图 8-16　护栏整体高度 1760mm 条件下的鞍式列车仿真碰撞结果

由上可知,八(HA)级跨江海缆索承重桥梁专用型钢护栏整体高度提升 50mm 和 100mm 后,护栏仍可达到设计防护能力。

8.1.3　护栏高度适应性综合分析

表 8-2 为不同整体高度的八(HA)级跨江海缆索承重桥梁专用型钢护栏仿真碰撞结果汇总。可以看出,与通过碰撞试验的护栏结构相比,将护栏整体高度提升或降低 100mm 后,安全性能各项指标仍均满足《公路护栏安全性能评价标准》(JTG B05-01—2013)要求,达到八(HA)级防护能力,未造成颠覆性影响,且车辆行驶姿态基本相近,如图 8-17 所示。

不同整体高度的专用型钢护栏仿真碰撞结果汇总　　表 8-2

检测参数	评价指标		护栏高度				
			1560mm	1610mm	1660mm	1710mm	1760mm
阻挡功能	车辆是否穿越、翻越和骑跨护栏		否	否	否	否	否
	护栏构件及脱离件是否侵入车辆乘员舱		否	否	否	否	否
导向功能	车辆碰撞后是否翻车		否	否	否	否	否
	车辆碰撞后的轮迹是否满足导向驶出框要求		是	是	是	是	是
缓冲功能	乘员碰撞速度(m/s)	纵向	5.69	5.21	6.7	5.23	5.09
		横向	7.94	8.06	7.8	7.89	7.99
	乘员碰撞后加速度(m/s^2)	纵向	53.39	72.56	37.2	58.11	135.28
		横向	60.59	70.34	58.1	64.98	109.51
护栏最大横向动态变形值 D(m)		小型客车	0.194	0.193	0.165	0.157	0.169
		鞍式列车	0.686	0.646	0.653	0.597	0.529
护栏最大横向动态位移外延值 W(m)		小型客车	0.557	0.557	0.557	0.557	0.557
		鞍式列车	0.981	0.947	0.948	0.936	0.889
鞍式列车最大动态外倾值 VI(m)			1.069	1.078	1.149	1.069	0.983
鞍式列车最大动态外倾当量值 VI_n(m)			1.172	1.201	1.285	1.202	1.086
是否满足评价标准			是	是	是	是	是
评价结果是否优于或等同于通过碰撞试验的护栏结构			是	是	是	是	是
评价结论			护栏结构安全性能满足八(HA)级防护等级要求				

图 8-17　鞍式列车碰撞不同整体高度(基座高度)专用型钢护栏后的行驶姿态

8.1.4　护栏高度适应安全性能试验验证

根据前面的分析及以往研究经验,护栏高度是防护车辆的关键。考虑到护栏高度不足很容易发生穿越、翻越、骑跨护栏的事故,更为不利,为了更好地保证护栏在实际工程中应用的安全性,曾针对高度为 1500mm 的八(HA)级梁柱式型钢护栏进行 55t 鞍式列车(最不利车型)的实车足尺碰撞试验,试验护栏和试验车辆如图 8-18 所示。

图 8-18　护栏整体高度 1500mm 的八级(HA)级梁柱式型钢护栏

图 8-19 为鞍式列车碰撞护栏后的行驶轨迹和护栏变形情况,可以看出高度为 1500mm 的梁柱式型钢护栏可对 55t 鞍式列车进行有效阻挡和导向,防护能力仍可达到八(HA)级。

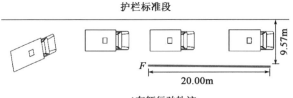

a)车辆行驶轨迹

b)护栏变形损坏

图 8-19　护栏高度适应安全性能试验验证

综上所述,八(HA)级跨江海缆索承重桥梁专用型钢护栏在结构构件强度满足要求的基础上,从深化研究与安全应用角度出发,得到了护栏整体高度适应范围为 1500～1760mm。

8.2 护栏宽度适应性分析

经试验验证合格的跨江海缆索承重桥梁专用型钢护栏,其上部钢结构顶宽为400mm(立柱120mm、防侧倾块120mm、横梁160mm),下部混凝土基座底宽为500mm,护栏总宽为600mm,如图8-20所示。然而,桥梁护栏实际应用过程中,受到构建物、附属设施或通行条件等因素的影响,可供护栏设置的宽度受到限制,需要对护栏宽度进行调整。由于跨江海缆索承重桥梁专用型钢护栏结构宽度体现在横梁、防侧倾块、立柱及下部混凝土基座上,其中横梁和立柱作为重要承力构件不宜改变,而防侧倾块的主要功能是控制车辆碰撞护栏过程中的侧倾幅度来保护相邻缆索承重构件等构造物,其对护栏自体结构防护能力影响较小。因此,从结构安全角度出发,护栏宽度适应性将重点通过改变防侧倾块宽度的方式开展分析,图8-21为八(HA)级跨江海缆索承重桥梁专用型钢护栏结构宽度差异化类型。

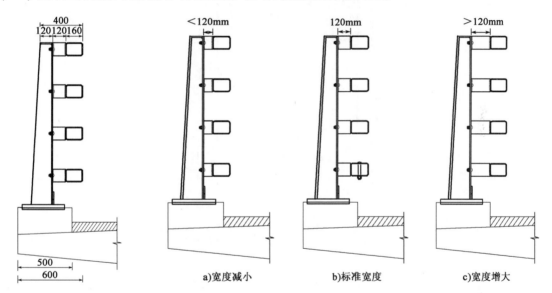

图8-20 标准八(HA)级跨江海缆索承重桥梁专用型钢护栏结构宽度示意
(尺寸单位:mm)

图8-21 八(HA)级跨江海缆索承重桥梁专用型钢护栏结构宽度差异化类型

下面将采用计算机仿真模拟技术,建立不同结构宽度(防侧倾块宽度)的护栏仿真模型,以标准宽度的护栏结构为基准,对比分析宽度改变前后对护栏安全防护性能造成的影响,并从安全角度出发,给出八(HA)级跨江海缆索承重桥梁专用型钢护栏的宽度适应范围。

8.2.1 护栏宽度减小适应性分析

八(HA)级跨江海缆索承重桥梁专用型钢护栏总宽为600mm,其中防侧倾块宽度为120mm,针对实际工程中可供桥梁护栏设置的宽度不足情况,开展护栏宽度减小适应性分析。在护栏宽度减小调整的过程中,考虑到防侧倾块与立柱之间需要通过连接螺栓拧紧固定,从可操作性角度出发,防侧倾块宽度不应小于80mm,同时彻底去掉防侧倾块构件(即防侧倾块宽度为0mm),横梁与立柱进行直接连接,亦可以作为一种宽度减小的护栏结构。

因此,下面采用对乘员安全影响较大的小型客车和碰撞能量最大的鞍式列车作为碰撞车型,重点针对防侧倾块宽度减小至80mm、护栏整体宽度减小至560mm(横梁迎撞面凸出混凝土基座迎撞面,护栏总宽则以横梁迎撞面至混凝土基座非迎撞面的水平距离为准)和防侧倾块宽度减小至0mm、护栏整体宽度减小至500mm(横梁迎撞面竖向位于混凝土基座迎撞面以内,护栏总宽则以混凝土基座宽度为准)的两种护栏结构,采用计算机仿真模拟技术开展宽度减小适应性分析,如图8-22所示。

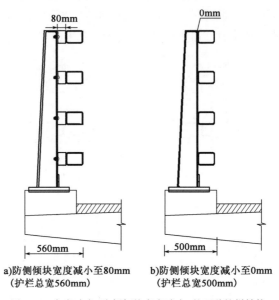

a)防侧倾块宽度减小至80mm
(护栏总宽560mm)

b)防侧倾块宽度减小至0mm
(护栏总宽500mm)

图8-22 宽度减小(防侧倾块宽度减小)的两种护栏结构

8.2.1.1 护栏总宽560mm(防侧倾块宽80mm)仿真碰撞结果

图8-23为建立的护栏总宽560mm(防侧倾块宽80mm)的八(HA)级跨江海缆索承重桥梁专用型钢护栏仿真模型,并采用1.5t小型客车以100km/h碰撞速度、20°碰撞角度和55t鞍式列车以65km/h碰撞速度、20°碰撞角度分别碰撞护栏结构。

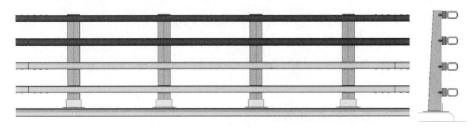

图8-23 总宽为560mm(防侧倾块宽80mm)的护栏仿真模型

仿真碰撞结果显示,小型客车和鞍式列车均平稳驶出,没有穿越、翻越、骑跨护栏现象,护栏构件并未侵入乘员舱,且碰撞后车辆恢复到正常行驶姿态,阻挡和导向功能良好;纵向和横向的乘员碰撞后加速度分别为 67.2m/s²、106.5m/s²,均小于 200m/s²,纵向和横向的乘员碰撞速度分别为 5.2m/s、8.2m/s,均小于 12m/s,缓冲性能良好;小型客车碰撞后护栏最大横向动态变形值为 0.117m、护栏最大横向动态位移外延值为 0.517m,鞍式列车碰撞后护栏最大横向动态变形值为 0.600m、最大横向动态位移外延值为 0.905m,鞍式列车最大动态外倾值为 1.109m、最大动态外倾当量值为 1.253m。相关指标符合评价标准要求。图 8-24、图 8-25 分别为小型客车鞍式列车仿真碰撞结果。

a)碰撞过程

b)护栏变形

图 8-24　护栏总宽 560mm(防侧倾块宽 80mm)条件下的小型客车仿真碰撞结果

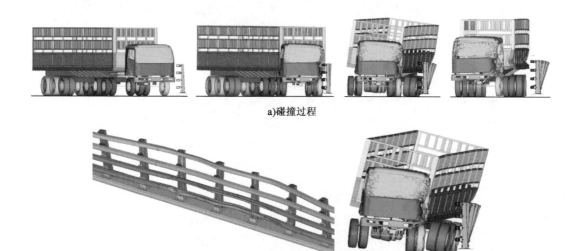

b)护栏变形及车辆侧倾

图 8-25　护栏总宽 560mm(防侧倾块宽 80mm)条件下的鞍式列车仿真碰撞结果

8.2.1.2　护栏总宽 500mm(防侧倾块宽 0mm)仿真碰撞结果

图 8-26 为建立的护栏总宽 500mm(防侧倾块宽 0mm)的八(HA)级跨江海缆索承重桥梁

专用型钢护栏仿真模型,并采用1.5t小型客车以100km/h碰撞速度、20°碰撞角度和55t鞍式列车以65km/h碰撞速度、20°碰撞角度分别碰撞护栏结构。

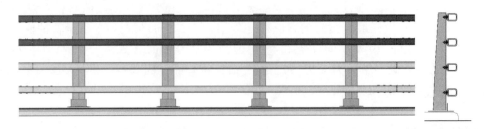

图8-26 总宽为500mm(防侧倾块宽0mm)的护栏仿真模型

仿真碰撞结果显示,小型客车和鞍式列车均平稳驶出,没有穿越、翻越、骑跨护栏现象,护栏构件并未侵入乘员舱,且碰撞后车辆恢复到正常行驶姿态,阻挡和导向功能良好;纵向和横向的乘员碰撞后加速度分别为13.4m/s²、72.2m/s²,均小于200m/s²,纵向和横向的乘员碰撞速度分别为7.4m/s、8.6m/s,均小于12m/s,缓冲性能良好;小型客车碰撞后护栏最大横向动态变形值为0.136m、护栏最大横向动态位移外延值为0.437m,鞍式列车碰撞后护栏最大横向动态变形值为0.535m、最大横向动态位移外延值为0.708m,鞍式列车最大动态外倾值为0.997m、最大动态外倾当量值为1.141m。相关指标符合评价标准要求。图8-27、图8-28分别为小型客车仿真碰撞结果,图8-28为鞍式列车仿真碰撞结果。

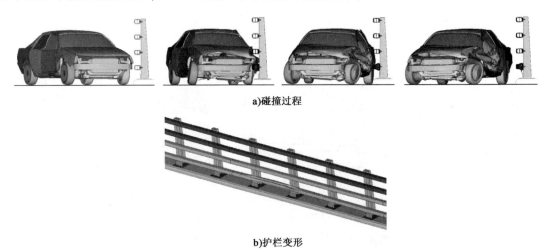

a)碰撞过程

b)护栏变形

图8-27 护栏总宽500mm(防侧倾块宽0mm)条件下的小型客车仿真碰撞结果

a)碰撞过程

图 8-28

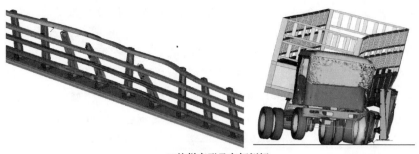

b)护栏变形及车辆侧倾

图 8-28　护栏总宽 500mm(防侧倾块宽 0mm)条件下的鞍式列车仿真碰撞结果

由上可知,八(HA)级跨江海缆索承重桥梁专用型钢护栏防侧倾块宽度减小 40mm 和 120mm 后,护栏仍可达到设计防护能力,安全防护性能可靠。

8.2.2　护栏宽度增大适应性分析

由于实际工程中桥梁主体线形的需要或施工导致的误差,也会存在适当增加桥梁护栏宽度的情况,依据以往研究经验,适当增加防侧倾块的宽度(即增大护栏宽度)对控制车辆侧倾效果起到一定积极作用,但若防侧倾块宽度过大,可能会对横梁的支撑稳定性带来一定影响,且碰撞过程中横梁防护高度的变化空间更大,且增大了桥梁占用面积。对此,综合考虑护栏宽度增加的结构安全性及设置合理性,初步将防侧倾块宽度增大至 160mm、整体宽度增大至 640mm,防侧倾块宽度增大至 200mm、整体宽度增大至 680mm 作为宽度增大适应性分析的两种护栏结构,如图 8-29 所示。同时,采用对乘员安全影响较大的小型客车和碰撞能量最大的鞍式列车作为碰撞车型,针对宽度增大的两种八(HA)级跨江海缆索承重桥梁专用型钢护栏结构,采用计算机仿真模拟技术开展安全性能仿真碰撞分析。

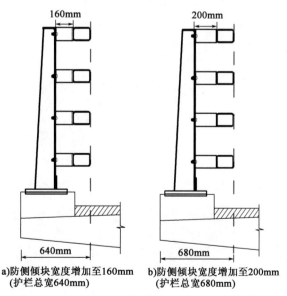

a)防侧倾块宽度增加至160mm
(护栏总宽640mm)

b)防侧倾块宽度增加至200mm
(护栏总宽680mm)

图 8-29　宽度增加(防侧倾块宽度增加)的护栏结构

8.2.2.1 护栏总宽640mm(防侧倾块宽160mm)仿真碰撞结果

图8-30为建立的总宽640mm(防侧倾块宽160mm)的八(HA)级跨江海缆索承重桥梁专用型钢护栏仿真模型,并采用1.5t小型客车以100km/h碰撞速度、20°碰撞角度和55t鞍式列车以65km/h碰撞速度、20°碰撞角度分别碰撞护栏结构。

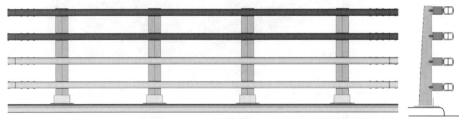

图8-30 总宽为640mm(防侧倾块宽160mm)的护栏仿真模型

仿真碰撞结果显示,小型客车和鞍式列车均平稳驶出,没有穿越、翻越、骑跨护栏现象,护栏构件并未侵入乘员舱,且碰撞后车辆恢复到正常行驶姿态,阻挡和导向功能良好;纵向和横向的乘员碰撞后加速度分别为 $55.5m/s^2$、$72.7m/s^2$,均小于 $200m/s^2$,纵向和横向的乘员碰撞速度分别为 4.9m/s、7.9m/s,均小于12m/s,缓冲性能良好;小型客车碰撞后护栏最大横向动态变形值为0.198m、护栏最大横向动态位移外延值为0.597m,鞍式列车碰撞后护栏最大横向动态变形值为0.675m、最大横向动态位移外延值为0.975m,鞍式列车最大动态外倾值为1.137m、最大动态外倾当量值为1.260m。相关指标符合评价标准要求。图8-31、图8-32分别为小型客车、鞍式列车仿真碰撞结果。

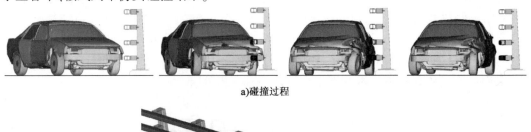

a)碰撞过程

b)护栏变形

图8-31 护栏总宽640mm(防侧倾块宽160mm)条件下的小型客车仿真碰撞结果

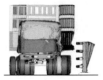

a)碰撞过程

图 8-32

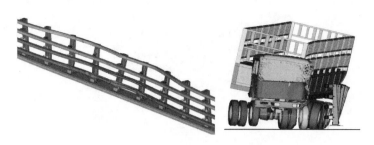

b) 护栏变形及车辆侧倾

图 8-32　护栏总宽 640mm(防侧倾块宽 160mm)条件下的鞍式列车仿真碰撞结果

8.2.2.2　护栏总宽 680mm(防侧倾块宽 200mm)仿真碰撞结果

图 8-33 为建立的护栏总宽 680mm(防侧倾块宽 200mm)的八(HA)级跨江海缆索承重桥梁专用型钢护栏仿真模型,并采用 1.5t 小型客车以 100km/h 碰撞速度、20°碰撞角度和 55t 鞍式列车以 65km/h 碰撞速度、20°碰撞角度分别碰撞护栏结构。

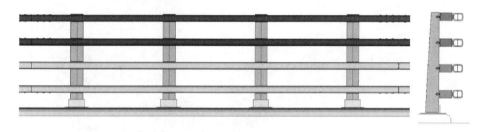

图 8-33　总宽为 680mm(防侧倾块宽 200mm)的护栏仿真模型

仿真碰撞结果显示,小型客车和鞍式列车均平稳驶出,没有穿越、翻越、骑跨护栏现象,护栏构件并未侵入乘员舱,且碰撞后车辆恢复到正常行驶姿态,阻挡和导向功能良好;纵向和横向的乘员碰撞后加速度分别为 71.9m/s^2、89.6m/s^2,均小于 200m/s^2,纵向和横向的乘员碰撞速度分别为 4.7m/s、7.9m/s,均小于 12m/s,缓冲性能良好;小型客车碰撞后护栏最大横向动态变形值为 0.234m、护栏最大横向动态位移外延值为 0.637m,鞍式列车碰撞后护栏最大横向动态变形值为 0.703m、最大横向动态位移外延值为 0.990m,鞍式列车最大动态外倾值为 1.147m、最大动态外倾当量值为 1.270m。相关指标符合评价标准要求。图 8-34、图 8-35 分别为小型客车、鞍式列车仿真碰撞结果。

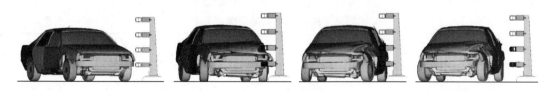

a) 碰撞过程

图 8-34

b) 护栏变形

图 8-34 护栏总宽 680mm(防侧倾块宽 200mm)条件下的小型客车仿真碰撞结果

a) 碰撞过程

b) 护栏变形及车辆侧倾

图 8-35 护栏总宽 680mm(防侧倾块宽 200mm)条件下的鞍式列车仿真碰撞结果

由上可知,八(HA)级跨江海缆索承重桥梁专用型钢护栏防侧倾块宽度增加 40mm 和 80mm 后,护栏仍可达到设计防护能力,安全防护性能可靠。

8.2.3 护栏宽度适应性综合分析

表 8-3 为不同宽度的八(HA)级跨江海缆索承重桥梁专用型钢护栏仿真碰撞结果汇总。可以看出,与通过碰撞试验的护栏相比,将护栏宽度减小 100mm(去掉防侧倾块)或增加 80mm 后,安全性能各项指标仍均满足《公路护栏安全性能评价标准》(JTG B05-01—2013)要求,达到八(HA)级防护能力,未造成颠覆性影响,且车辆行驶姿态基本相近,如图 8-36 所示。

不同宽度的护栏仿真碰撞结果汇总 表 8-3

检测参数	评价指标	护栏宽度				
		500mm	560mm	600mm	640mm	680mm
		防侧倾块宽度				
		0mm	80mm	120mm	160mm	200mm
阻挡功能	车辆是否穿越、翻越和骑跨护栏	否	否	否	否	否
	护栏构件及脱离件是否侵入车辆乘员舱	否	否	否	否	否

续上表

检测参数	评价指标		护栏宽度				
			500mm	560mm	600mm	640mm	680mm
			防侧倾块宽度				
			0mm	80mm	120mm	160mm	200mm
导向功能	车辆碰撞后是否翻车		否	否	否	否	否
	车辆碰撞后的轮迹是否满足导向驶出框要求		是	是	是	是	是
缓冲功能	乘员碰撞速度(m/s)	纵向	7.4	5.2	6.7	4.9	4.7
		横向	8.6	8.2	7.8	7.9	7.9
	乘员碰撞后加速度(m/s²)	纵向	13.4	67.2	37.2	55.5	71.9
		横向	72.2	106.5	58.1	72.7	89.6
护栏最大横向动态变形值 D(m)		小型客车	0.136	0.117	0.165	0.198	0.234
		鞍式列车	0.535	0.600	0.653	0.675	0.703
护栏最大横向动态位移外延值 W(m)		小型客车	0.437	0.517	0.557	0.597	0.637
		鞍式列车	0.708	0.905	0.948	0.975	0.990
鞍式列车最大动态外倾值 VI(m)			0.997	1.109	1.149	1.137	1.147
鞍式列车最大动态外倾当量值 VI_n(m)			1.141	1.253	1.285	1.260	1.270
是否满足评价标准			是	是	是	是	是
评价结果是否优于或等同于通过碰撞试验的护栏结构			是	是	是	是	是
评价结论			护栏结构安全性能满足八(HA)级防护等级要求				

a)宽度500mm　　b)宽度560mm　　c)宽度600mm　　d)宽度640mm　　e)宽度680mm

图 8-36　鞍式列车碰撞不同宽度(防侧倾块宽度)护栏后的外倾情况

8.2.4　护栏宽度适应安全性能试验验证

针对护栏宽度减小至500mm、无防侧倾块的情况，曾开展相关的实车足尺碰撞试验。试验用护栏立柱和横梁间无防侧倾块，直接进行栓接处理，如图 8-37 所示。从最不利角度出发，采用55t 鞍式列车进行试验验证，从试验结果看出，护栏安全防护性能各项指标均满足要求，阻挡和导向功能良好，防护能力仍可达到八(HA)级，如图 8-38所示。

综上所述，八(HA)级跨江海缆索承重桥梁专用型钢护栏在结构构件强度满足要求的基础

图 8-37　护栏宽度 500mm(无防侧倾块)的八级(HA)级梁柱式型钢护栏

上,从深化研究与安全应用角度出发,得到了护栏整体宽度适应范围为 500~680mm,防侧倾块宽度适应范围为 0~200mm。

图 8-38　护栏宽度适应安全性能试验验证

8.3　护栏连接强度适应性分析

经试验验证合格的跨江海缆索承重桥梁专用型钢护栏连接主要包括立柱与地脚螺栓的连接、横梁及防侧倾块与立柱的连接、横梁与横梁之间的拼接,设计的标准连接方式如图 8-39 所示。然而,实际工程中由于桥梁或护栏的施工误差、维修养护不到位等因素的影响,存在连接构件安装不牢、埋深不够,甚至缺失等情况,从而导致护栏连接强度存在不确定性。因此,有必要从安全角度出发,分析结构构件之间的连接强度对护栏安全防护性能的影响情况。

图 8-39　八(HA)级跨江海缆索承重桥梁专用型钢护栏连接

8.3.1　基础连接强度适应性分析

八(HA)级跨江海缆索承重桥梁专用型钢护栏采用地脚螺栓基础连接方式,每个立柱底部焊接 30mm 厚的底板和 12mm 厚的加劲肋,通过 8 个型号为 M30 的 10.9 级高强度螺栓进行连接,其中靠近行车道侧设置 4 个、背离行车道侧设置分 2 排各设 2 个,如图 8-40a)所示。同时,根据实车足尺碰撞试验结果来看,碰撞能量最高、破坏性最大的鞍式列车碰撞后,基础连接状态良好,未发生明显破坏,说明护栏的基础连接强度较为可靠,且初步分析其安全储备较高,如图 8-40b)所示。

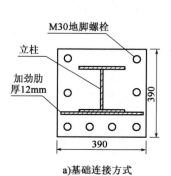

a)基础连接方式　　　　　b)鞍式列车试验碰撞后基础连接

图 8-40　护栏基础连接设计及试验碰撞后状态(尺寸单位:mm)

为了进一步分析基础连接强度的适应性,基于鞍式列车仿真模拟碰撞结果,提取了 40m 长护栏仿真模型中全部地脚螺栓的受力情况。通过数据处理,可知碰撞全程受轴力最大的地脚螺栓为第 3 号,在碰撞方向第 10 根立柱位置,最大轴力值为 308kN,小于轴力限值为 561kN,满足受力要求,如图 8-41a)所示;碰撞全程受剪力最大的地脚螺栓为第 8 号,在碰撞方向第 13 根立柱位置,最大剪力值为 243.3kN,小于剪力限值为 392.7kN(剪力取轴力的 0.7 倍),亦满足受力要求,如图 8-41b)所示。

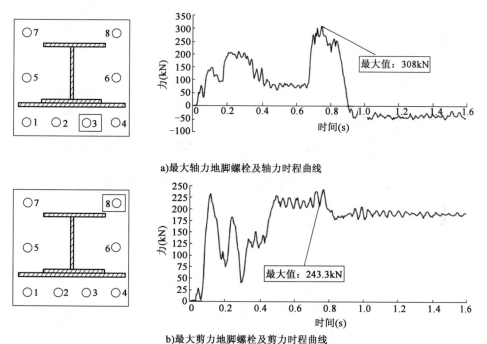

a)最大轴力地脚螺栓及轴力时程曲线

b)最大剪力地脚螺栓及剪力时程曲线

图 8-41　鞍式列车碰撞后受力最大的地脚螺栓所处位置及受力曲线

由于护栏地脚螺栓所承受的轴力较大,而剪力又更趋于限值,考虑到地脚螺栓对护栏安全防护性能的重要性,从轴力和剪力两个方面进行分别考察,作为基础连接强度适应性分析的综合指标。研究方法为:在护栏标准地脚螺栓连接的基础上,一种情况是去掉所受轴力最大的第 3 号地脚螺栓,另一种情况是去掉所受剪力最大的第 8 号地脚螺栓,且考虑到工程应用安全性,从较不利角度出发,每种情况分析时将所有立柱处的对应地脚螺栓均做失效处理,即每个立柱处依靠剩余的7个地脚螺栓发挥基础连接作用(图8-42),进而开展鞍式列车仿真碰撞分析,并提取地脚螺栓受力数据。

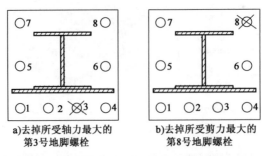

图8-42 地脚螺栓适应性分析螺栓失效处理示意

8.3.1.1 基于地脚螺栓轴力的适应性分析

通过仿真碰撞计算,去掉所有立柱处的第3号地脚螺栓后,护栏依旧可以对鞍式列车进行有效防护,阻挡和导向功能良好,碰撞后护栏最大横向动态变形值为0.653m,最大横向动态位移外延值为0.950m,鞍式列车最大动态外倾值为1.137m、最大动态外倾当量值为1.281m,符合评价标准要求,如图8-43所示。同时,剩余的7个基础连接螺栓中,碰撞全程受轴力最大的地脚螺栓为第2号,在碰撞位置后第10根立柱位置,最大轴力值为487kN,小于轴力限值561kN,满足受力要求,如图8-44所示。

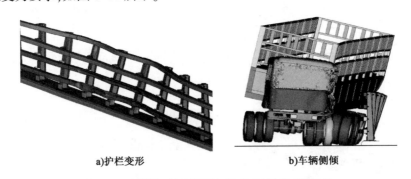

图8-43 去掉第3号地脚螺栓,鞍式列车仿真碰撞结果

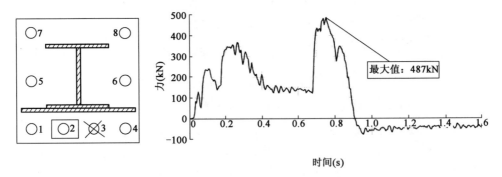

图8-44 去掉第3号地脚螺栓,鞍式列车碰撞后轴力最大的地脚螺栓位置及受力曲线

8.3.1.2 基于地脚螺栓剪力的适应性分析

通过仿真碰撞计算,去掉所有立柱处的第 8 号地脚螺栓后,护栏依旧可以对鞍式列车进行有效防护,阻挡和导向功能良好,碰撞后护栏最大横向动态变形值为 0.662m、最大横向动态位移外延值为 0.963m,鞍式列车最大动态外倾值为 1.140m、最大动态外倾当量值为 1.273m,符合评价标准要求,如图 8-45 所示。同时,剩余的 7 个基础连接螺栓中,碰撞全程受剪力最大的地脚螺栓为第 2 号,在碰撞位置后第 16 根立柱位置,最大剪力值为 235.9kN,小于剪力限值 392.7kN(剪力取轴力的 0.7 倍),亦满足受力要求,如图 8-46 所示。

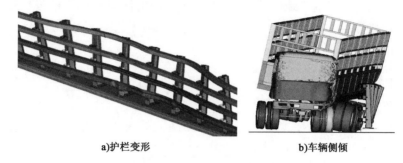

a)护栏变形　　　　　　　　　b)车辆侧倾

图 8-45　去掉第 8 号地脚螺栓,鞍式列车仿真碰撞结果

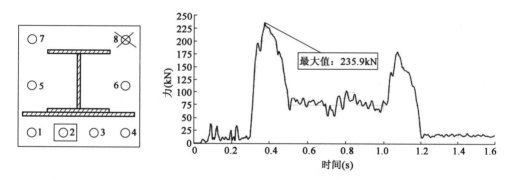

图 8-46　去掉第 8 号地脚螺栓,鞍式列车碰撞后剪力值最大的地脚螺栓所处位置及受力曲线

由上可知,该护栏在其他结构形式及强度满足设计要求的基础上,基础连接强度具有一定安全余量,去掉 1 个地脚螺栓,基础连接强度降低后,护栏仍可达到设计防护能力,说明可适应缺少 1 个地脚螺栓的基础连接情况。

8.3.2　横梁及防侧倾块与立柱的连接强度适应性分析

八(HA)级跨江海缆索承重桥梁专用型钢护栏的横梁和防侧倾块焊接一体,与立柱间采用 8 个 M20 的 10.9 级高强度螺栓进行连接,如图 8-47 所示。连接螺栓的主要作用是实现护栏不同结构之间的协同受力,以及支撑横梁和防侧

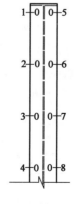

图 8-47　横梁及防侧倾块与立柱的连接

倾块构件。

为了解连接螺栓失效对护栏防护能力的影响,从安全角度明确横梁及防侧倾块与立柱连接强度的适应性,下面基于鞍式列车仿真模拟碰撞结果,提取了40m长护栏仿真模型中全部连接螺栓的受力情况,其中碰撞全程受轴力最大的连接螺栓为第6号,在碰撞方向第10根立柱位置,最大轴力值为70.5kN,小于轴力限值245kN,如图8-48a)所示;碰撞全程受剪力最大的连接螺栓为第6号,在碰撞方向第12根立柱位置,最大剪力值为316.9kN,大于剪力限值171.5kN(剪力取0.7倍的轴力),如图8-48b)所示,但护栏防护能力仍符合要求。需要特殊说明,连接螺栓的功能定位区别于地脚螺栓,其着重于实现构件间的整体稳定与协同受力,结合多年研究经验,连接螺栓受力超过限值情况较为常见,对护栏整体防护性能的影响不大。

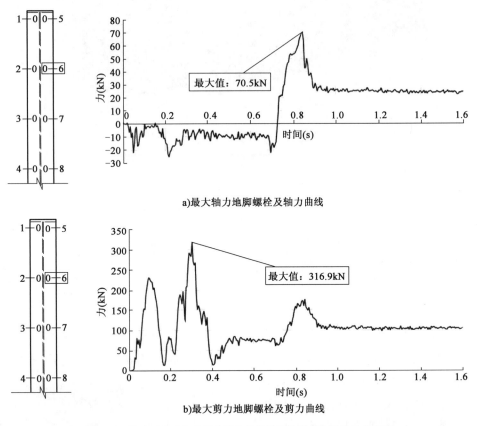

图8-48 鞍式列车碰撞后受力最大的连接螺栓所处位置及受力曲线

根据所提取数据,说明连接螺栓主要承受剪力作用,应以剪力值作为基础连接强度适应性分析的指标。研究过程中,从较不利角度出发,将所有立柱处的第6号连接螺栓均做失效处理,仅依靠剩余的7个连接螺栓发挥构件连接作用,图8-49为去掉第6号连接螺栓的立柱立面图和护栏仿真模型。通过仿真碰撞计算,去掉所有立柱处的第6号连接螺栓后,护栏依旧可以对鞍式列车进行有效防护,碰撞后护栏最大横向动态变形值为0.628m、最大横向动态位移外延值为0.949m,鞍式列车最大动态外倾值为1.101m、最大动态外倾当量值为1.245m,符合评价标准要求,如图8-50所示。

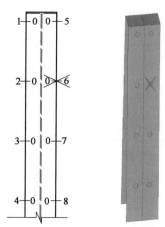

图 8-49　去掉第 6 号连接螺栓的立柱立面图和护栏仿真模型

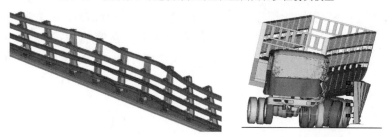

a) 护栏变形　　　　　　　　　　b) 车辆侧倾

图 8-50　去掉第 6 号连接螺栓,鞍式列车仿真碰撞结果

同时,剩余的 7 个连接螺栓中,碰撞全程受剪力最大的连接螺栓为第 1 号,在碰撞方向第 9 根立柱位置,最大剪力值为 195.4kN,大于剪力限值 171.5kN(剪力取 0.7 倍的轴力),但护栏防护能力仍满足要求,如图 8-51 所示。

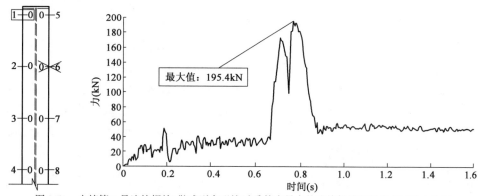

图 8-51　去掉第 6 号连接螺栓,鞍式列车碰撞后受剪力最大的连接螺栓所处位置及受力曲线

由上可知,该护栏在其他结构形式及强度满足设计要求的基础上,去掉 1 个连接螺栓,横梁及防侧倾块与立柱的连接强度降低后,护栏仍可达到设计防护能力,说明可适应缺少 1 个连接螺栓的情况。

8.3.3　横梁间拼接强度适应性分析

八(HA)级跨江海缆索承重桥梁专用型钢护栏的横梁与横梁间采用 6 个 M24 的 10.9 级

高强度螺栓进行拼接,如图 8-52 所示,护栏拼接处碰撞力的传递主要依靠拼接螺栓实现。

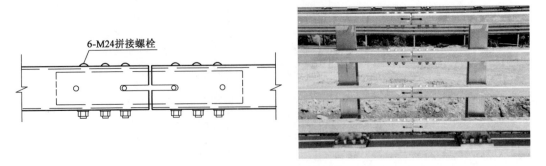

图 8-52　横梁与横梁间的拼接

为了分析横梁与横梁间拼接螺栓连接强度的适应性,基于鞍式列车仿真碰撞结果,提取 40m 长护栏仿真模型中全部拼接螺栓的受力情况,考虑到拼接螺栓主要受剪力作用,故将主要提取剪力数据进行分析。该护栏碰撞全程受剪力最大的拼接螺栓为第 3 号,在碰撞方向第 3 个拼接位置,最大剪力值为 216.8kN,小于剪力限值 247.1kN(剪力取 0.7 倍的轴力),满足受力要求,如图 8-53 所示。

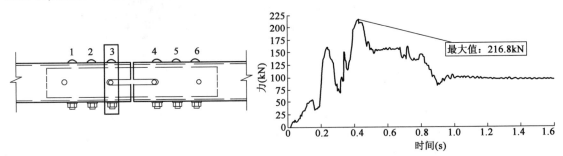

图 8-53　鞍式列车碰撞后受剪力最大的拼接螺栓所处位置及受力曲线

下面从较不利角度出发,在护栏横梁与横梁之间拼接的基础上,将所有拼接处受剪力最大的第 3 号拼接螺栓均做失效处理,仅依靠剩余的 5 个拼接螺栓发挥传力作用,图 8-54 为去掉第 3 号拼接螺栓的立面图和护栏仿真模型。通过仿真碰撞计算,去掉所有拼接处的第 3 号拼接螺栓后,护栏依旧可以对鞍式列车进行有效防护,碰撞后护栏最大横向动态变形值为 0.651m、最大横向动态位移外延值为 0.946m,鞍式列车最大动态外倾值为 1.133m、最大动态外倾当量值为 1.266m,如图 8-55 所示。

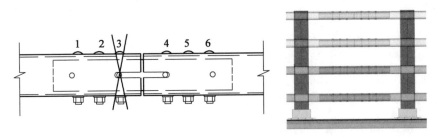

图 8-54　去掉第 3 号拼接螺栓的立面图和护栏仿真模型

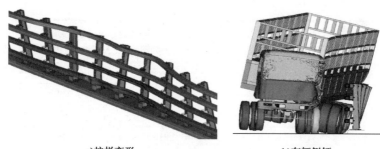

a) 护栏变形　　　　　　　　　　b) 车辆侧倾

图 8-55　去掉第 3 号拼接螺栓,鞍式列车仿真碰撞结果

同时,剩余的 5 个拼接螺栓中,碰撞全程受剪力最大的拼接螺栓为第 1 号,在碰撞方向第 2 个拼接位置,最大剪力值为 301.6kN,大于剪力限值 247.1kN,但护栏防护能力仍符合要求,如图 8-56 所示。

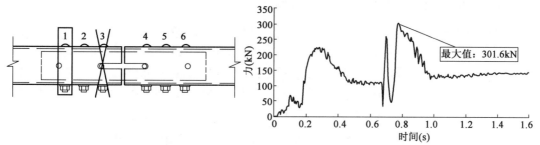

图 8-56　去掉第 3 号拼接螺栓,鞍式列车碰撞后剪力值最大的拼接螺栓所处位置及最大剪力曲线

由上可知,该护栏在其他结构形式及强度满足设计要求的基础上,去掉 1 个拼接螺栓,拼接位置连接强度降低后,护栏仍可达到设计防护能力,说明可适应缺少 1 个拼接螺栓的情况。

8.3.4　护栏连接强度适应性综合分析

表 8-4 为不同位置连接强度的八(HA)级跨江海缆索承重桥梁专用型钢护栏仿真碰撞结果汇总。与通过碰撞试验的护栏相比,基础连接强度或横梁及防侧倾块与立柱的连接强度或横梁间拼接强度降低后,该护栏安全性能指标仍满足《公路护栏安全性能评价标准》(JTG B05-01—2013)要求,达到八(HA)级防护能力,且护栏变形和车辆外倾值与标准结构基本相当。

不同位置连接强度的护栏仿真碰撞结果汇总　　　　表 8-4

检测参数	评价指标	标准连接强度	基础连接强度降低（去掉1个地脚螺栓）	连接强度降低（去掉1个连接螺栓）	拼接强度降低（去掉1个拼接螺栓）
阻挡功能	车辆是否穿越、翻越和骑跨护栏	否	否	否	否
	护栏构件及脱离件是否侵入车辆乘员舱	否	否	否	否
导向功能	车辆碰撞后是否翻车	否	否	否	否
	车辆碰撞后的轮迹是否满足导向驶出框要求	是	是	是	是

续上表

检测参数	评 价 指 标	标准连接强度	基础连接强度降低（去掉1个地脚螺栓）	连接强度降低（去掉1个连接螺栓）	拼接强度降低（去掉1个拼接螺栓）
	护栏最大横向动态变形值 $D(m)$	0.653	0.662	0.628	0.651
	护栏最大横向动态位移外延值 $W(m)$	0.948	0.963	0.949	0.946
	鞍式列车最大动态外倾值 $VI(m)$	1.149	1.140	1.101	1.133
	鞍式列车最大动态外倾当量值 $VI_n(m)$	1.285	1.281	1.245	1.266
	是否满足评价标准	是	是	是	是
	评价结果是否优于或等同于通过碰撞试验的护栏结构	是	是	是	是
	评价结论	护栏结构安全性能满足八（HA）级防护等级要求			

8.3.5 护栏连接强度适应安全性能试验验证

针对地脚螺栓和拼接螺栓数量减少的情况,曾开展相关的实车足尺碰撞试验。试验用护栏采用的地脚螺栓数量为8个,其中迎撞面设3个地脚螺栓,如图8-57a)所示;横梁间拼接位置则仅设4个拼接螺栓,如图8-57b)所示。对于该护栏结构,采用55t鞍式列车进行了试验验证,从试验结果看出,护栏基座未脱离,横梁拼接未断开,护栏安全防护性能各项指标均满足要求,阻挡和导向功能良好,防护能力仍可达到八（HA）级,如图8-58所示。

a)地脚螺栓　　　　　　　　b)拼接螺栓

图8-57　设8个地脚螺栓、4个拼接螺栓的八级（HA）级梁柱式型钢护栏

图8-58　护栏连接强度适应安全性能试验验证

综上所述,八(HA)级跨江海缆索承重桥梁专用型钢护栏在结构构件强度满足要求的基础上,从深化研究与安全应用角度出发,得到了护栏基础连接强度可适应1个地脚螺栓失效,横梁及防侧倾块与立柱连接强度可适应1个连接螺栓失效,横梁间拼接强度可适应1个拼接螺栓失效,并给出了相应的护栏变形、车辆外倾等仿真结果数据。

8.4 本章小结

本章从护栏高度、宽度、连接强度三个方面,对八(HA)级跨江海缆索承重桥梁专用型钢护栏的结构适应安全性能进行了分析,得到以下结论:

(1)八(HA)级跨江海缆索承重桥梁专用型钢护栏具有较好的结构适应安全性能。

(2)八(HA)级跨江海缆索承重桥梁专用型钢护栏整体高度调整为1560~1760mm,对护栏的安全防护能力影响不大,且相关技术成果表明,缆索承重桥梁护栏整体高度设计为1500mm时,也可达到八(HA)级防护能力。

(3)八(HA)级跨江海缆索承重桥梁专用型钢护栏整体宽度调整为500~680mm(防侧倾块宽度为0~200mm),对护栏的安全防护能力影响不大。

(4)八(HA)级跨江海缆索承重桥梁专用型钢护栏去掉一个地脚螺栓或去掉一个连接螺栓或去掉一个拼接螺栓,对护栏的安全防护能力影响不大。

上述结论为八(HA)级跨江海缆索承重桥梁专用型钢护栏的实际工程设计、施工及管理养护等工作提供一定参考。需强调,上述研究主要为了解决公路建设环境及运营条件的特殊情况而开展的,实际工程须按照通过试验验证的护栏结构进行设计、施工与养护。

第9章 跨江海缆索承重桥梁专用型钢护栏公路适应安全性能分析

跨江海桥梁上沿线设施(斜拉索、吊杆等)及交通工程条件(翼缘板形式、伸缩缝等)复杂多样,但护栏实车足尺碰撞试验条件较为单一,难以真实反映实际公路的复杂环境。对此,本章依据相关研究经验,综合考虑可能影响桥梁主体及局部结构安全等因素,将主要从桥梁主体、桥侧构筑物、伸缩缝及过渡段4个方面,开展八(HA)级跨江海缆索承重桥梁专用型钢护栏的公路适应安全性能分析,从而更好地保障护栏实际工程中的安全防护效果。

在分析过程中,按《公路护栏安全性能评价标准》(JTG B05-01—2013)规定的八(HA)级碰撞条件、碰撞点(参照标准的同时,可根据实际情况对碰撞点位置进行最不利分析)及安全性能评价指标要求,采用计算机仿真技术进行模拟计算,将计算结果与结构安全性能评价结果进行对比,结合对公路沿线设施的影响程度,来评价护栏对于公路适应的安全性,具体评价方法详见本书5.2节。

9.1 桥梁主体适应安全性能分析

桥梁主体结构材料(尤其是桥面板结构材料)与护栏的设计应用密切相关,直接影响护栏的基础形式及结构强度。桥梁按照主要承重结构所用的材料,可分为木桥、钢桥、圬工桥(由砖、石或混凝土建造的桥)、钢筋混凝土桥和预应力混凝土桥等类型。对于跨江海桥梁来说,钢桥和预应力混凝土桥的应用最为广泛,相应的钢桥面板和混凝土桥面板亦是桥梁护栏基础常见的连接对象,如图9-1所示。

a) 钢桥

图 9-1

b) 预应力混凝土桥

图 9-1　桥梁主体结构类型

在前文的介绍中,主要以钢筋混凝土箱梁桥面板为例,开展八(HA)级跨江海缆索承重桥梁专用型钢护栏基础设计与实车足尺碰撞试验。对于该护栏在钢箱梁桥面板上的使用,需要对护栏基础做进一步的设计,并采用计算机仿真模拟手段,从桥梁主体适应性角度进行安全性能分析。

9.1.1　基于钢箱梁桥面板的护栏基础设计

在八(HA)级跨江海缆索承重桥梁专用型钢护栏上部钢结构保持不变的基础上,为了保证护栏基础强度和减少对钢桥面板集中荷载的不利影响,结合以往设计研究与工程应用经验,确定采用攻丝板作为重要承接构件,即攻丝板上面通过 8 个 M30 的 10.9 级高强度螺栓来连接底板及护栏上部结构,攻丝板下面则焊接在钢箱梁桥面板上,攻丝板沿桥梁纵向设置间距为 1.5m(与立柱一致),并在基础连接外部罩上通长设置的钢路缘石(总宽 500mm、厚度 8mm),钢路缘石焊接在钢箱梁桥面板上,如图 9-2a)所示。通过研究设计经验及仿真优化设计,攻丝板尺寸为 390mm(长)×390mm(宽)×60mm(厚),攻丝板上设置 8 个直径为 30mm 的攻丝孔,攻丝孔深度为 45mm,攻丝孔位置与底板螺孔位置相对应,如图 9-2b)所示;底板尺寸为 390mm(长)×390mm(宽)×30mm(厚),底板上设置 8 个直径为 33mm 的贯通螺孔,护栏立柱和加劲肋焊接在底板上,如图 9-2c)所示。图 9-2d)为基于钢箱梁桥面板的八(HA)级跨江海缆索承重桥梁专用型钢护栏整体断面结构。

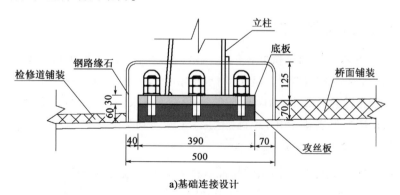

a)基础连接设计

图　9-2

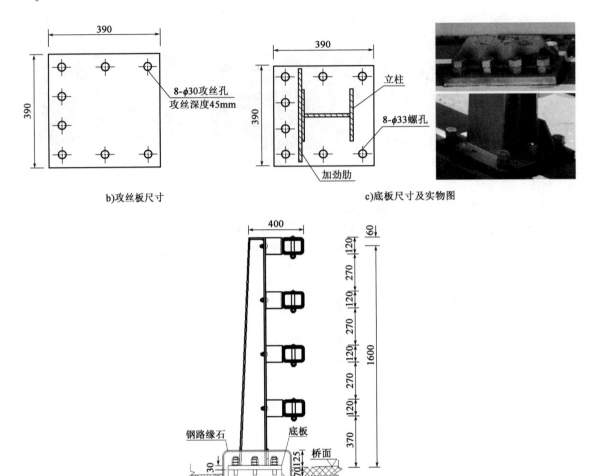

图 9-2 基于钢箱梁桥面板的八(HA)级跨江海缆索承重桥梁专用型钢护栏整体断面结构(尺寸单位:mm)

9.1.2 护栏仿真碰撞分析

根据上文提出的基于钢箱梁桥面板的八(HA)级跨江海缆索承重桥梁专用型钢护栏设计方案,采用可靠的计算机仿真技术,建立了长度 40m 的护栏仿真模型,如图 9-3 所示,并按照《公路护栏安全性能评价标准》(JTG B05-01—2013)中八(HA)级标准碰撞条件,分别进行 1.5t 小型客车、25t 特大型客车、40t 大型货车及 55t 鞍式列车的仿真碰撞分析。

9.1.2.1 小型客车仿真碰撞结果

图 9-4 为小型客车碰撞基于钢箱梁桥面板的八(HA)级跨江海缆索承重桥梁专用型钢护栏的仿真结果,可见车辆平稳驶出,没有穿越、翻越、骑跨和下穿护栏现象,碰撞后车辆恢复到正常行驶姿态,阻挡和导向功能良好;纵向和横向的乘员碰撞后加速度分别为 38.4m/s²、88.4m/s²,均小于 200m/s²,纵向和横向的乘员碰撞速度分别为 4.8m/s、8.1m/s,均小于

12m/s,缓冲性能良好;护栏最大横向动态变形值为 0.146m,护栏最大横向动态位移外延值为 0.558m。各项指标均满足现行评价标准要求。

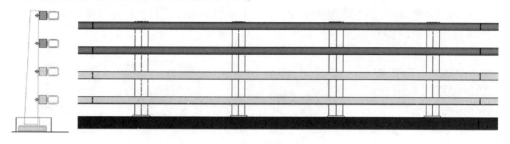

图9-3 基于钢箱梁桥面板的八(HA)级跨江海缆索承重桥梁专用型钢护栏仿真模型

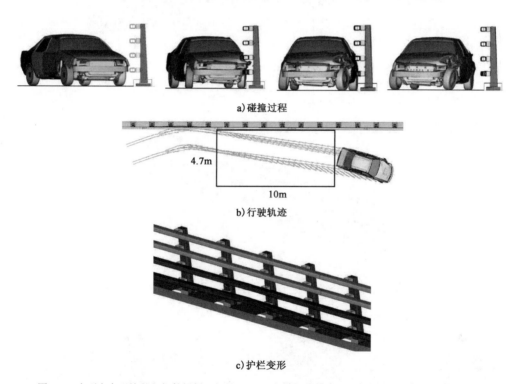

图9-4 小型客车碰撞基于钢箱梁桥面板的八(HA)级跨江海缆索承重桥梁专用型钢护栏仿真结果

9.1.2.2 特大型客车仿真碰撞结果

图9-5为特大型客车碰撞基于钢箱梁桥面板的八(HA)级跨江海缆索承重桥梁专用型钢护栏的仿真结果,可见车辆平稳驶出,没有穿越、翻越和骑跨护栏现象,碰撞后车辆恢复到正常行驶姿态,阻挡和导向功能良好;护栏最大横向动态变形值为 0.368m,护栏最大横向动态位移外延值为 0.775m;特大型客车碰撞过程中最大动态外倾值为 0.710m,外倾当量值为 0.968m。各项指标均满足现行评价标准要求。

9.1.2.3 大型货车仿真碰撞结果

图9-6为大型货车碰撞基于钢箱梁桥面板的八(HA)级跨江海缆索承重桥梁专用型钢护

栏的仿真结果,可见车辆平稳驶出,没有穿越、翻越和骑跨护栏现象,碰撞后车辆恢复到正常行驶姿态,阻挡和导向功能良好;护栏最大横向动态变形值为 0.483m,护栏最大横向动态位移外延值为 0.867m;大型货车碰撞过程中最大动态外倾值为 0.537m,外倾当量值为 0.544m。各项指标均满足现行评价标准要求。

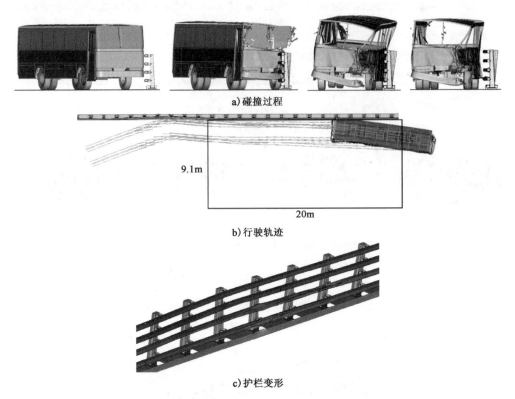

图 9-5　特大型客车碰撞基于钢箱梁桥面板的八(HA)级跨江海缆索承重桥梁专用型钢护栏仿真结果

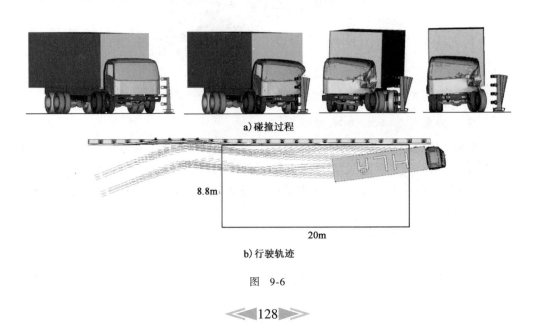

图 9-6

c) 护栏变形

图 9-6　大型货车碰撞基于钢箱梁桥面板的八(HA)级跨江海缆索承重桥梁专用型钢护栏仿真结果

9.1.2.4　鞍式列车仿真碰撞结果

图 9-7 为鞍式列车碰撞基于钢箱梁桥面板的八(HA)级跨江海缆索承重桥梁专用型钢护栏的仿真结果,可见车辆平稳驶出,没有穿越、翻越和骑跨护栏现象,碰撞后车辆恢复到正常行驶姿态,阻挡和导向功能良好;护栏最大横向动态变形值为 0.615m,护栏最大横向动态位移外延值为 0.919m;大型客车碰撞过程中最大动态外倾值为 1.119m,外倾当量值为 1.267m。各项指标均满足现行评价标准要求。

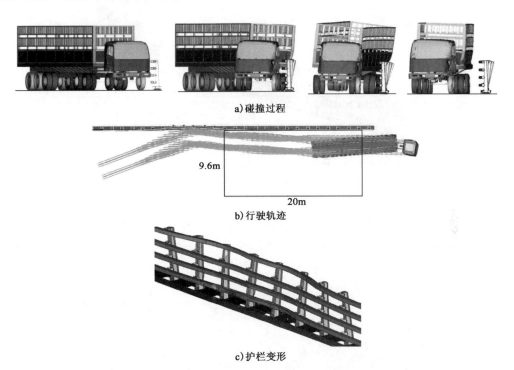

图 9-7　鞍式列车碰撞基于钢箱梁桥面板的八(HA)级跨江海缆索承重桥梁专用型钢护栏仿真结果

9.1.3　护栏基础连接强度及对钢箱梁桥面板的影响分析

根据基于钢箱梁桥面板的八(HA)级跨江海缆索承重桥梁专用型钢护栏仿真碰撞结果,通过数据提取与处理,发现鞍式列车碰撞护栏过程中基础连接螺栓所受轴力最大,图 9-8 为受轴力最大的基础连接螺栓位置及时程曲线。可以看到,基础连接螺栓轴力最大值为267.4kN,发生在车辆甩尾碰撞护栏的时刻,螺栓最大拉应力为:$\frac{267.4 \times 10^3}{561} = 476.7(\mathrm{MPa}) < 1000\mathrm{MPa}$,满足受力要求。

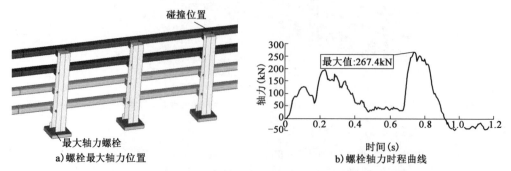

图9-8　鞍式列车碰撞护栏时基础连接螺栓所受最大轴力位置及时程曲线

图9-9为鞍式列车碰撞过程中应力最大时刻的钢箱梁和护栏底座的应力云图,可知碰撞过程中钢箱梁最大应力为488.3MPa,未对钢箱梁造成不利影响。

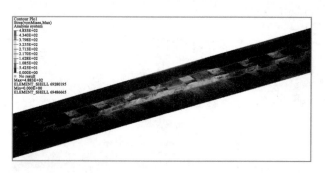

图9-9　鞍式列车碰撞护栏过程中应力最大时刻的钢箱梁及护栏底座应力云图(单位:MPa)

同时,通过与混凝土箱梁桥面板上的护栏碰撞结果对比,车辆碰撞钢箱梁桥面板的护栏所产生的螺栓最大轴力更小,如图9-10所示。说明钢箱梁桥面板较混凝土箱梁桥面板对护栏基础锚固螺栓更有利,进一步验证了护栏碰撞试验研究采用较不利的混凝土箱梁桥面板形式的合理性,结合上述仿真碰撞分析结果,钢箱梁桥面板的护栏结构安全性能可靠。

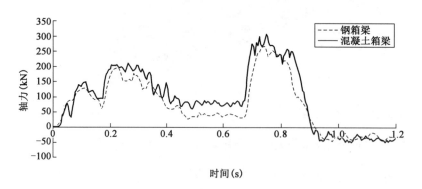

图9-10　鞍式列车碰撞时基础螺栓轴力时程曲线

9.1.4 桥梁主体适应安全性能分析结论

综上所述,基于钢箱梁桥面板的八(HA)级跨江海缆索承重桥梁专用型钢护栏结构安全防护性能可靠,满足《公路护栏安全性能评价标准》(JTG B05-01—2013)指标要求,达到八(HA)级防护能力,且该护栏的乘员碰撞速度、乘员碰撞后加速度、护栏变形、车辆侧倾等指标数据与结构安全性能评价指标数据基本相当;同时,针对钢箱梁桥面板的护栏基础设计,没有给桥梁主体结构带来不利影响,根据5.4节中的表5-4,说明该护栏的桥梁主体适应性能评价结论为优秀,见表9-1。

桥梁主体适应安全性能评价　　　　　　　　表9-1

评价项目		小型客车		特大型客车		大型货车		鞍式列车	
		评价结果	是否合格	评价结果	是否合格	评价结果	是否合格	评价结果	是否合格
阻挡功能	车辆是否穿越、翻越和骑跨评价样品	否	是	否	是	否	是	否	是
	评价样品构件及其脱离碎片是否侵入车辆乘员舱	否	是	否	是	否	是	否	是
导向功能	车辆碰撞后是否翻车	否	是	否	是	否	是	否	是
	车辆碰撞后的轮迹是否满足导向驶出框要求	是	是	是	是	是	是	是	是
缓冲功能	乘员碰撞速度(m/s) 纵向	4.8	是	—		—		—	
	乘员碰撞速度(m/s) 横向	8.1	是	—		—		—	
	乘员碰撞后加速度(m/s^2) 纵向	38.4	是	—		—		—	
	乘员碰撞后加速度(m/s^2) 横向	88.4	是	—		—		—	
护栏最大横向动态变形量D(m)		0.146		0.368		0.483		0.615	
护栏最大横向动态位移外延值W(m)		0.558		0.778		0.867		0.919	
车辆最大动态外倾距离VI(m)		—		0.710		0.537		1.119	
车辆最大动态外倾距离标准值VI_n(m)		—		0.968		0.544		1.267	
评价结果是否优于或等同于结构安全性能评价指标		是							
对公路沿线设施的影响程度		无影响							
评价结论		该护栏标准段的桥梁主体适应性能优秀							

9.1.5 桥梁主体适应安全性能试验验证

针对八(HA)级梁柱式型钢桥梁护栏应用于钢箱梁桥的情况,曾开展实车足尺碰撞试验进行验证。在试验场地按1:1比例修建了钢箱梁桥梁翼缘板,其上焊接了攻丝板和钢路缘石，八(HA)级梁柱式型钢桥梁护栏立柱焊接在底板上，并与攻丝板进行栓接，如图9-11所示。

a)整体图　　　　　　　　　　　　b)细部连接图

图9-11　钢箱梁桥翼缘板的八(HA)级梁柱式型钢桥梁护栏

从最不利角度出发，采用鞍式列车进行实车足尺碰撞试验验证，试验碰撞条件为车辆总质量55.271t、碰撞速度65.9km/h、碰撞角度20.2°，试验碰撞能量高达1104kJ。图9-12为实车足尺碰撞试验结果，可以看出护栏安全防护性能各项指标均满足要求，阻挡和导向功能良好。说明钢箱梁桥面板的护栏基础设计安全可靠，且未对桥梁主体结构带来不利影响，进一步验证了八(HA)级梁柱式型钢桥梁护栏对桥梁主体适应性能，为实际应用提供更加客观、可靠的判断依据。

a)有效防护车辆

b)基础连接可靠

图9-12　桥梁主体适应安全性能试验验证

9.2　桥侧构筑物适应安全性能分析

为了满足桥梁结构安全和路段使用功能的需求，在桥梁护栏相邻位置处设有多种构筑物,包括桥梁缆索承重构件(斜拉索、吊杆)、照明灯柱、标志立柱等,如图9-13所示。这些构筑物一般与桥侧护栏的横向距离较近,若桥侧护栏与相邻构筑物适应安全性能不佳,一旦发生失控车辆碰撞事故,桥侧构筑物可能会影响桥梁护栏结构自身的安全防护性能指标,以及桥梁护栏防护车辆过程中亦可能会对桥侧构筑物造成不同程度的影响,对桥梁运营安全带来一定威胁。

a)斜拉索

b)灯柱

c)标志立柱

图9-13 桥侧构筑物类型

为了更好地体现桥梁护栏与相邻构筑物配套应用的安全防护效果,下面将采用计算机仿真模拟手段,对八(HA)级跨江海缆索承重桥梁专用型钢护栏的桥侧构筑物适应安全性能进行分析。其中,斜拉索或吊杆等缆索承重构件属于桥梁(主要指斜拉桥或悬索桥)的重要组成部分,直接关系到桥梁主体结构安全,需要进行重点考察。图9-14a)为斜拉索被车辆剐蹭损坏的事故;照明灯柱和标志立柱则属于独立附属设施且普遍可解体消能,被车辆剐蹭或碰撞到时,对桥梁主体结构安全影响较小,图9-14b)为照明灯柱被车辆剐蹭损坏的事故。因此,本节重点分析八(HA)级跨江海缆索承重桥梁专用型钢护栏对桥侧斜拉索和吊杆这两种缆索承重构件的适应安全性能。

a)缆索承重构件损坏

b)照明灯柱损坏

图9-14 桥侧构筑物损坏情况

9.2.1 斜拉桥桥侧斜拉索适应性仿真碰撞分析

9.2.1.1 仿真模型与碰撞条件

基于某斜拉桥的桥型布置方式,建立了整桥计算机仿真模型,并将经试验校核修正过的八(HA)级跨江海缆索承重桥梁专用型钢护栏仿真模型导入到斜拉桥的整桥模型中,如图 9-15 所示。

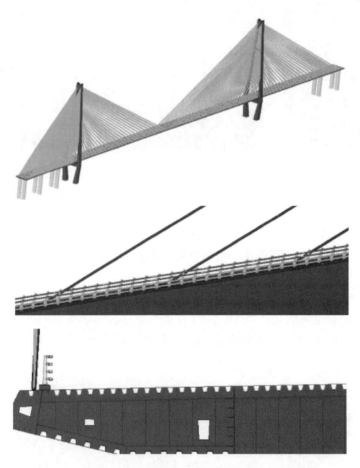

图 9-15　斜拉桥与护栏的仿真模型

由于桥梁护栏与相邻构筑物的适应性,与碰撞能量、护栏变形及车辆侧倾程度密切相关,从研究的合理性与高效性角度出发,结合八(HA)级跨江海缆索承重桥梁专用型钢护栏实车足尺碰撞试验结果,采用碰撞能量最高、碰撞后护栏变形值及车辆侧倾值最大的 55t 鞍式列车作为碰撞车型(详见第 8 章中表 8-1),且按照《公路护栏安全性能评价标准》(JTG B05-01—2013)规定的碰撞条件,55t 鞍式列车的碰撞速度为 65km/h、碰撞角度为 20°。对于碰撞位置的确定,从不利角度出发,原则是标准护栏碰撞过程中车辆最大动态外倾值发生在设置斜拉索的位置,通过多次仿真测算,确定碰撞点位于斜拉索与鞍式列车货箱顶部等高位置沿行车方向1.5m 处,如图 9-16 所示。

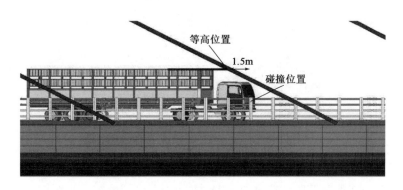

图 9-16 鞍式列车碰撞斜拉桥护栏的仿真模型

9.2.1.2 仿真碰撞结果

图 9-17 为鞍式列车碰撞设有斜拉索的八(HA)级跨江海缆索承重桥梁专用型钢护栏仿真结果,可以看出护栏对鞍式列车进行了有效防护,车辆平稳驶出,没有穿越、翻越和骑跨护栏现象,碰撞后车辆恢复到正常行驶姿态,阻挡和导向功能良好;护栏最大横向动态变形值为 0.614m,护栏最大横向动态位移外延值为 0.923m;大型客车碰撞过程中最大动态外倾值为 1.105m,外倾当量值为 1.242m。各项指标满足现行评价标准要求,且与标准结构安全性能评价指标结果基本相当。同时,鞍式列车碰撞护栏过程中,在斜拉索处发生严重绊阻和碰撞,仅发生轻微剐蹭。说明八(HA)级跨江海缆索承重桥梁专用型钢护栏对桥侧斜拉索的结构安全影响程度较小,对斜拉索桥梁的适应性能良好。

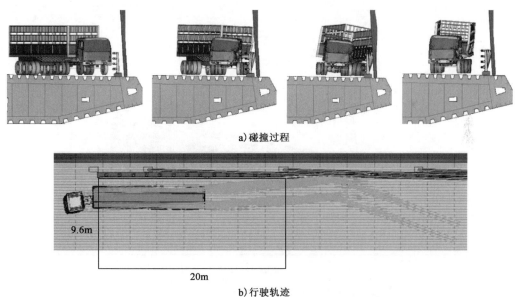

a) 碰撞过程

b) 行驶轨迹

图 9-17

c)护栏变形

图 9-17　鞍式列车碰撞设有斜拉索的八(HA)级跨江海缆索承重桥梁专用型钢护栏仿真结果

9.2.2 悬索桥桥侧吊杆适应性仿真碰撞分析

9.2.2.1 仿真模型与碰撞条件

基于某悬索桥的桥型布置方式,建立了整桥计算机仿真模型,并将经试验校核修正过的八(HA)级跨江海缆索承重桥梁专用型钢护栏仿真模型导入到悬索桥的整桥模型中,如图 9-18 所示。同时,亦采用碰撞能量最高、碰撞后护栏变形值及车辆侧倾值最大的 55t 鞍式列车作为碰撞车型,碰撞条件为 55t 鞍式列车、碰撞速度为 65km/h、碰撞角度为 20°,碰撞点位于悬索桥吊杆处,即标准护栏碰撞过程中车辆最大动态外倾值发生在吊杆位置,如图 9-19 所示。

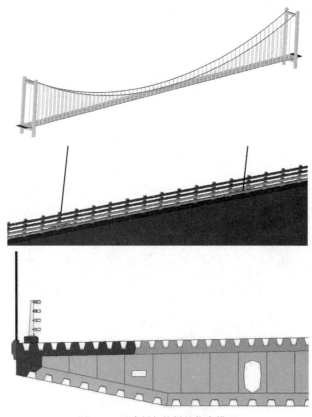

图 9-18　悬索桥与护栏的仿真模型

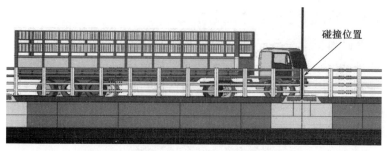

图 9-19　鞍式列车碰撞悬索桥护栏的仿真模型

9.2.2.2　仿真碰撞结果

图 9-20 为鞍式列车碰撞设有吊杆的八(HA)级跨江海缆索承重桥梁专用型钢护栏仿真结果,可以看出护栏对鞍式列车进行了有效防护,车辆平稳驶出,没有穿越、翻越和骑跨护栏现象,碰撞后车辆恢复到正常行驶姿态,阻挡和导向功能良好;护栏最大横向动态变形值为 0.607m,护栏最大横向动态位移外延值为 0.919m;大型客车碰撞过程中最大动态外倾值为 1.112m,外倾当量值为 1.246m。各项指标满足现行评价标准要求,且与标准结构安全性能评价指标结果基本相当。同时,鞍式列车碰撞护栏过程中,未在吊杆处发生严重绊阻和碰撞,仅发生轻微剐蹭。说明八(HA)级跨江海缆索承重桥梁专用型钢护栏对桥侧吊杆的结构安全影响程度较小,对悬索桥梁的适应性能良好。

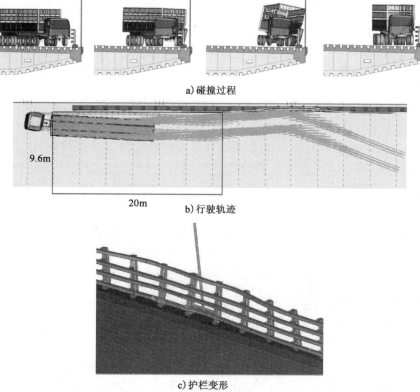

图 9-20　鞍式列车碰撞设有吊杆的八(HA)级跨江海缆索承重桥梁专用型钢护栏仿真结果

9.2.3 桥侧构筑物适应安全性能分析结论

综上所述,桥侧设斜拉索或吊杆的八(HA)级跨江海缆索承重桥梁专用型钢护栏,安全防护性能满足《公路护栏安全性能评价标准》(JTG B05-01—2013)指标要求,可达到八(HA)级防护能力,且与标准护栏结构的安全性能评价指标结果基本相当;同时,车辆碰撞护栏过程中,没有碰撞到桥侧相邻斜拉索或吊杆构筑物。因此,按5.4节中的表5-4,该护栏对桥侧构筑物的适应安全性能评价结果为良好,具体评价详见表9-2。

桥梁构筑物适应安全性能评价　　　　　　表9-2

评价项目		鞍式列车(斜拉桥的斜拉索)		鞍式列车(悬索桥的吊杆)	
		评价结果	是否合格	评价结果	是否合格
阻挡功能	车辆是否穿越、翻越和骑跨评价样品	否	是	否	是
	评价样品构件及其脱离碎片是否侵入车辆乘员舱	否	是	否	是
导向功能	车辆碰撞后是否翻车	否	是	否	是
	车辆碰撞后的轮迹是否满足导向驶出框要求	是	是	是	是
护栏最大横向动态变形量 $D(m)$		0.614		0.607	
护栏最大横向动态位移外延值 $W(m)$		0.923		0.919	
车辆最大动态外倾距离 $VI(m)$		1.105		1.112	
车辆最大动态外倾距离标准值 $VI_n(m)$		1.242		1.246	
评价结果是否优于或等同于结构安全性能评价指标		是			
对公路沿线设施的影响程度		影响小			
评价结论		该护栏标准段的桥侧构筑物适应性能良好			

9.3 伸缩缝适应安全性能分析

伸缩缝是桥梁构造的一部分,主要作用是调节由车辆荷载和桥梁建筑材料所引起的上部结构之间的位移和联结,通长设置在两梁端之间、梁端与桥台之间或桥梁的铰接位置上,如图9-21所示。对于桥梁护栏来说,《公路交通安全设施设计规范》(JTG D81—2017)中规定桥梁护栏应随桥梁主体结构设置伸缩缝,且桥梁护栏横梁的伸缩缝设计要与桥梁伸缩缝的位移相一致,在横梁伸缩缝处,一方面要保证桥梁能自由地伸缩变形,另一方面要考虑桥梁护栏的结构连续性。

图9-21　桥梁伸缩缝

9.3.1 伸缩缝护栏设计

以武穴长江公路大桥为例,主桥段两端分别衔接引桥段,衔接处设有伸缩缝,其中一端的伸缩缝距离为1800mm,另一端的伸缩缝距离为2790mm,可以看出伸缩缝跨径较大,对伸缩缝护栏的要求亦较高。对此,根据相关研究经验,从较不利角度出发,下面主要以桥梁伸缩缝距离最大值2790mm为研究对象,开展伸缩缝护栏的结构设计及安全性能评估,以达到桥梁主体自由伸缩和护栏连续防护的目的。

图9-22为最大伸缩缝位置两端桥梁护栏结构形式,即主桥段桥梁为钢箱梁结构,采用设钢基座的八(HA)级跨江海缆索承重桥梁专用型钢护栏,引桥段桥梁为混凝土箱梁结构,采用设混凝土基座的六(SS)级梁柱式型钢桥梁护栏,两种防护等级的护栏总高度及上部钢结构形式相同,但基础连接设计有所差异,主要体现在迎行车方向地脚螺栓的数量。

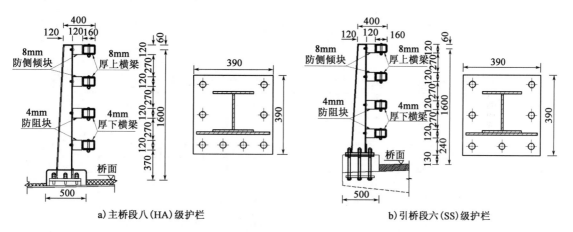

图9-22 最大伸缩缝位置两端桥梁护栏结构形式(尺寸单位:mm)

基于桥梁主体结构的要求,伸缩缝护栏设计距离为2790mm,且最大伸缩量为1840mm,考虑到伸缩缝护栏设计距离较大,需要进行局部加强设计,并结合《公路交通安全设施设计细则》(JTG/T D81—2017)中关于金属梁柱式护栏伸缩缝设计的相关规定,提出了伸缩缝护栏结构设计方案。

该伸缩缝护栏结构主要由端部立柱、加强焊接斜撑和伸缩缝处连接内套管组成。其中,伸缩缝两端端部立柱中心间距为3485mm,端部相邻立柱的背部设置加强焊接斜撑,斜撑采用矩形管,尺寸(宽×高×厚)为160mm×120mm×10mm,从而使伸缩缝端部立柱协同受力,增加结构强度,如图9-23a)所示。伸缩缝处连接内套管采用嵌于护栏横梁内的形式,上两层连接内套管采用矩形管,尺寸(宽×高×厚)为136mm×96mm×12mm,长度4960mm;下两层连接内套管采用矩形管,尺寸(宽×高×厚)为144mm×104mm×12mm,长度4960mm;且连接内套管的上、下管壁各开设2个直径30mm、长1110mm的圆孔,以满足伸缩量的需求,如图9-23b)所示。

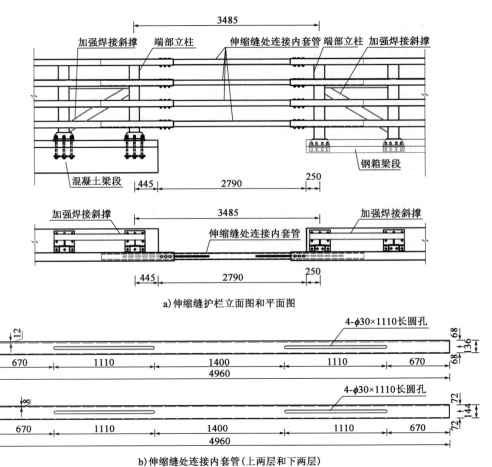

a) 伸缩缝护栏立面图和平面图

b) 伸缩缝处连接内套管(上两层和下两层)

图 9-23 伸缩缝护栏结构(尺寸单位:mm)

9.3.2 伸缩缝护栏仿真碰撞分析

9.3.2.1 仿真模型与碰撞条件

基于伸缩缝护栏结构形式,采用计算机仿真模拟技术,建立伸缩缝护栏仿真模型,如图 9-24 所示。考虑到伸缩缝两端护栏的防护等级不同,分别为六(SS)级和八(HA)级,说明伸缩缝护栏起到了连接过渡作用,结合《公路交通安全设施设计规范》(JTG D81—2017)中第 6.2.14 条规定,伸缩缝护栏的防护等级应不低于所连接护栏中较低的防护等级,即不低于六(SS)级。

图 9-24 伸缩缝护栏仿真模型

下面依据《公路护栏安全性能评价标准》(JTG B05-01—2013)的规定,按照六(SS)级碰撞条件,即1.5t小型客车、碰撞速度100km/h、碰撞角度20°,18t大型客车、碰撞速度为80km/h、碰撞角度20°,33t大型货车、碰撞速度为60km/h、碰撞角度20°开展伸缩缝护栏的仿真碰撞分析。同时,基于以往研究经验,从碰撞后护栏变形及车辆侧倾指标来看,伸缩缝护栏的最不利位置为伸缩缝中间位置,故将其作为伸缩缝护栏仿真碰撞分析的碰撞点,如图9-25所示。

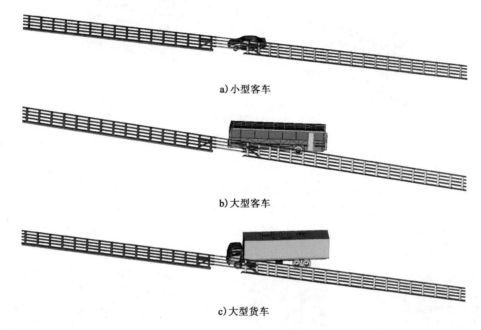

图9-25 小型客车、大型客车、大型货车碰撞伸缩缝护栏的仿真模型

9.3.2.2 仿真碰撞结果

(1)小型客车碰撞伸缩缝护栏

图9-26为小型客车碰撞伸缩缝护栏的仿真结果,可见车辆平稳驶出,没有穿越、翻越、骑跨和下穿护栏现象,碰撞后车辆恢复到正常行驶姿态,碰撞区无构件脱离,阻挡和导向功能良好;纵向和横向的乘员碰撞后加速度分别为187.16m/s²、63.06m/s²,均小于200m/s²,纵向和横向的乘员碰撞速度分别为6.67m/s、7.45m/s,均小于12m/s,缓冲性能良好;护栏最大横向动态变形值为0.24m,护栏最大横向动态位移外延值为0.6m。各项指标均满足现行评价标准要求。

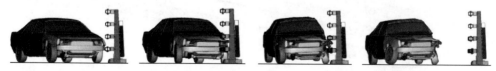

a) 碰撞过程

图 9-26

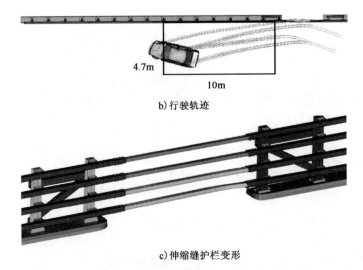

b)行驶轨迹

c)伸缩缝护栏变形

图 9-26 小型客车碰撞伸缩缝护栏仿真结果

(2)大型客车碰撞伸缩缝护栏

图 9-27 为大型客车碰撞伸缩缝护栏的仿真结果,可见车辆平稳驶出,没有穿越、翻越和骑跨护栏现象,碰撞后车辆恢复到正常行驶姿态,碰撞区无构件脱离,阻挡和导向功能良好;护栏最大横向动态变形值为 0.32m,护栏最大横向动态位移外延值为 0.67m;大型客车碰撞过程中最大动态外倾值为 0.56m,外倾当量值为 0.87m。各项指标均满足现行评价标准要求。

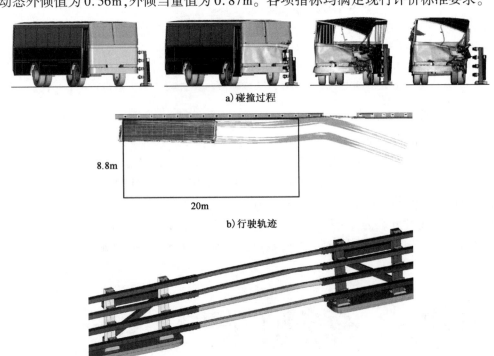

a)碰撞过程

b)行驶轨迹

c)伸缩缝护栏变形

图 9-27 大型客车碰撞伸缩缝护栏仿真结果

(3)大型货车碰撞伸缩缝护栏

图9-28为大型货车碰撞伸缩缝护栏的仿真结果,可见车辆平稳驶出,没有穿越、翻越和骑跨护栏现象,碰撞后车辆恢复到正常行驶姿态,碰撞区无构件脱离,阻挡和导向功能良好;护栏最大横向动态变形值为0.43m,护栏最大横向动态位移外延值为0.79m;大型货车碰撞过程中最大动态外倾值为0.35m,外倾当量值为0.36m。各项指标均满足现行评价标准要求。

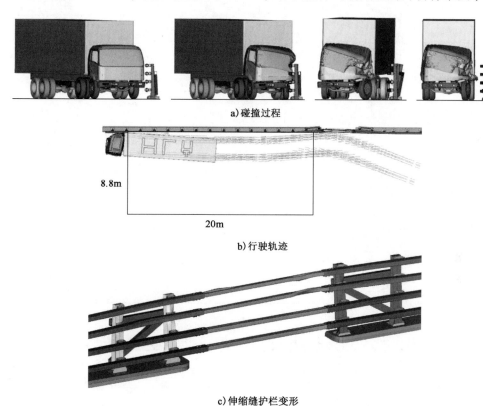

a)碰撞过程

b)行驶轨迹

c)伸缩缝护栏变形

图9-28 大型货车碰撞伸缩缝护栏仿真结果

9.3.3 伸缩缝护栏适应安全性能分析结论

综上所述,伸缩缝护栏的安全防护性能满足《公路护栏安全性能评价标准》(JTG B05-01—2013)指标要求,可达到六(SS)级防护能力,但与标准护栏碰撞结果相比,伸缩缝护栏的变形值及车辆的外倾值偏大,安全性能指标劣于标准护栏结构;同时,公路伸缩缝位置一般主体结构和附属设施基本都断开,故对公路沿线设施基本无影响。因此,按照5.4节中的表5-4,伸缩缝护栏的公路适应安全性能评价结果为良好,具体评价详见表9-3。

伸缩缝护栏适应安全性能评价　　　　表9-3

评价项目		小型客车		大型客车		大型货车	
		评价结果	是否合格	评价结果	是否合格	评价结果	是否合格
阻挡功能	车辆是否穿越、翻越和骑跨评价样品	否	是	否	是	否	是

续上表

评价项目			小型客车		大型客车		大型货车	
			评价结果	是否合格	评价结果	是否合格	评价结果	是否合格
阻挡功能	评价样品构件及其脱离碎片是否侵入车辆乘员舱		否	是	否	是	否	是
导向功能	车辆碰撞后是否翻车		否	是	否	是	否	是
	车辆碰撞后的轮迹是否满足导向驶出框要求		是	是	是	是	是	是
缓冲功能	乘员碰撞速度（m/s）	纵向	6.67	是	—	—	—	—
		横向	7.45	是	—	—	—	—
	乘员碰撞后加速度（m/s²）	纵向	187.16	是	—	—	—	—
		横向	63.06	是	—	—	—	—
护栏最大横向动态变形量 D(m)			0.24		0.32		0.43	
护栏最大横向动态位移外延值 W(m)			0.60		0.67		0.79	
车辆最大动态外倾距离 VI(m)			—		0.56		0.35	
车辆最大动态外倾距离标准值 VI_n(m)			—		0.87		0.36	
评价结果是否优于或等同于结构安全性能评价指标			否					
对公路沿线设施的影响程度			无影响					
评价结论			该护栏在伸缩缝位置的公路适应性能良好					

9.4 过渡段适应安全性能分析

由于公路路段条件和防护需求不同，需要设置不同形式和防护等级的护栏，为了保证两种不同护栏之间防护的连续性，应将相邻两种不同护栏进行连接，否则将会造成安全防护漏洞；同时，不同护栏在结构刚度上也存在一定差异，如果两者之间只进行简单的连接处理，刚度未能合理过渡，容易因横向变形不同而发生车辆绊阻情况，产生人员伤亡的严重后果。因此，为了消除过渡衔接位置处的安全风险，《公路交通安全设施设计规范》（JTG D81—2017）中第6.2.14条规定，不同防护等级或不同结构形式的护栏之间连接时，应进行过渡段设计，且护栏过渡段的防护等级不低于所连接护栏中较低的防护等级。图9-29为桥梁护栏过渡段示例。

图9-29 桥梁护栏过渡段示例

9.4.1 护栏过渡段设计

以武穴长江公路大桥为例,存在两种护栏过渡情况:

(1)一种是主桥段八(HA)级梁柱式型钢桥梁护栏与引桥段六(SS)级梁柱式型钢桥梁护栏过渡,因两种护栏总高度及上部钢结构相同,区别仅为地脚螺栓数量(图9-22),故过渡段设计及安全性能分析可参考9.3节伸缩缝护栏研究成果,不再重复表述。

(2)另一种是引桥段六(SS)级梁柱式型钢桥梁护栏与路侧五(SA)级混凝土护栏过渡(图9-30),因两种护栏结构形式和防护等级均不同,需要进行特殊的过渡衔接设计,且随着桥梁段和路基段的主体结构之间存在伸缩缝,亦需进行伸缩缝设计,并对该护栏过渡段的安全防护性能进行仿真碰撞分析。需要强调,该过渡段设计虽然针对六(SS)级梁柱式型钢桥梁护栏结构,但与本书重点介绍对象八(HA)级跨江海缆索承重桥梁专用型钢护栏结构基本一致,仅地脚螺栓数量有所区别,所得结论同样适用于八(HA)级护栏。

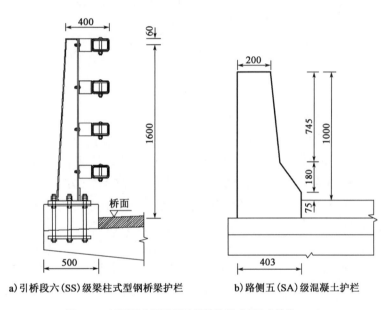

a) 引桥段六(SS)级梁柱式型钢桥梁护栏　　b) 路侧五(SA)级混凝土护栏

图9-30　过渡段位置两端护栏结构形式(尺寸单位:mm)

在护栏过渡段设计时,考虑到梁柱式型钢桥梁护栏与混凝土护栏的衔接过渡,除了对梁柱式型钢桥梁护栏的刚度进行渐变加强之外,将梁柱式型钢桥梁护栏的横梁与混凝土护栏进行平顺连接是关键。对此,遵循安全可靠、线形流畅、安装方便的原则,在五(SA)级混凝土护栏的端部设置了过渡翼墙,通过过渡翼墙进行护栏高度和截面的渐变过渡,还可将梁柱式型钢桥梁护栏的横梁锚固于翼墙中,最大程度降低车辆绊阻风险。图9-31为混凝土过渡翼墙的结构形式和三维效果,即过渡翼墙沿行车方向长度为3000mm,其中对2000mm长度范围内的混凝土墙体截面进行了过渡,坡面形式由F型渐变至直壁型,顶宽由297mm渐变至500mm,与底宽相同;剩余1000mm长度范围内的直壁型混凝土墙体上端部开设750mm(长)×640mm(宽)×170mm(深)的凹槽,凹槽上设有两排共10个直径为24mm的通孔,便于六(SS)级梁柱式型钢桥梁护栏横梁的锚固连接。

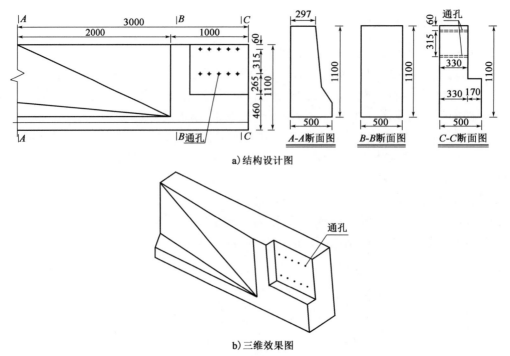

图 9-31 混凝土过渡翼墙(尺寸单位:mm)

同时,鉴于该位置的护栏过渡段和伸缩缝相邻设置,需先对六(SS)级梁柱式型钢桥梁护栏伸缩缝进行设计。根据设计图纸和工程要求,桥梁段和路基段主体结构之间伸缩缝设计距离为280mm,最大伸缩量为240mm,依据9.3节的伸缩缝护栏设计方式,该位置伸缩缝护栏采用内套管进行连接,并考虑到两种护栏结构的过渡设计需求,伸缩缝处护栏上两层内套管采用矩形管,尺寸(宽×高×厚)为136mm×96mm×12mm、长度1215mm,上、下管壁各开设2个直径30mm、长434mm的长圆孔,如图9-32a)所示;伸缩缝处护栏下两层内套管采用矩形管,尺寸(宽×高×厚)为144mm×104mm×8mm、长度1450mm,靠近梁柱式型钢桥梁护栏一侧的上、下管壁各开设一个直径30mm、长434mm的长圆孔,且下两层连接内套管焊接在连接钢板上,如图9-32b)所示。

基于六(SS)级梁柱式型钢桥梁护栏伸缩缝设计和五(SA)级混凝土护栏的过渡翼墙结构,上部采用2根异形的端部锚固横梁(图9-33)进行过渡连接,即端部锚固横梁一端植螺栓固定于过渡翼墙顶部,另一端分别外套于上两层连接内套管上且栓接固定;下部将横梁下两层连接内套管通过焊接的连接钢板栓接锚固在过渡翼墙的凹槽内,从而实现引桥段桥侧六(SS)级梁柱式型钢桥梁护栏与路侧五(SA)级混凝土护栏的平顺过渡。

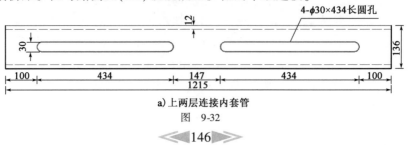

a)上两层连接内套管

图 9-32

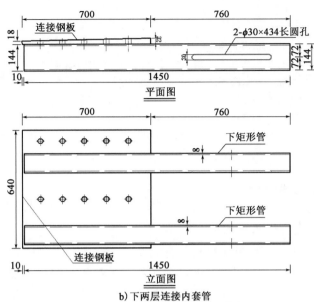

b) 下两层连接内套管

图 9-32 伸缩缝护栏连接内套管(尺寸单位:mm)

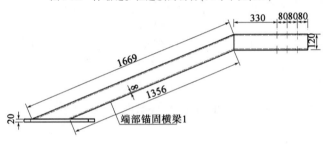

图 9-33 端部锚固横梁(尺寸单位:mm)

图 9-34 为针对武穴长江公路大桥实际情况,初步研究确定的护栏过渡段结构形式。

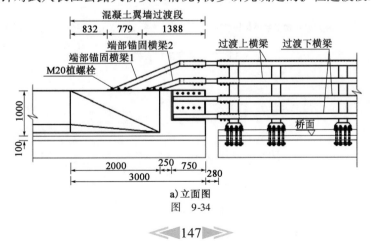

a) 立面图

图 9-34

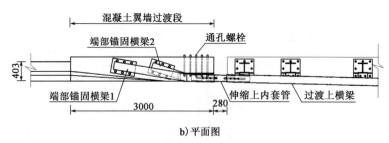

b) 平面图

图 9-34 护栏过渡段结构(尺寸单位:mm)

9.4.2 护栏过渡段安全防护性能仿真分析

9.4.2.1 仿真模型与碰撞条件

基于护栏过渡段结构形式(图 9-34),采用可靠的计算机仿真模拟技术,建立护栏过渡段仿真模型,如图 9-35 所示。由于过渡段两端的护栏防护等级为五(SA)级和六(SS)级,根据规范要求,过渡段护栏的防护等级应不低于所连接护栏中较低的防护等级,故下面将按照《公路护栏安全性能评价标准》(JTG B05-01—2013)中的五(SA)级碰撞条件[即 1.5t 小型客车、碰撞速度 100km/h、碰撞角度 20°,14t 大型客车、碰撞速度为 80km/h、碰撞角度 20°,25t 大型货车、碰撞速度为 60km/h、碰撞角度 20°]且小型客车碰撞点位于沿行车方向距离护栏过渡段起点 3/4 长度处,大型客车和大型货车碰撞点位于护栏过渡段中点,进行护栏过渡段仿真碰撞分析。同时,从安全角度出发,分别进行车辆从五(SA)级混凝土护栏驶向六(SS)级梁柱式型钢桥梁护栏、车辆从六(SS)级梁柱式型钢桥梁护栏驶向五(SA)级混凝土护栏两个方向的仿真碰撞,如图 9-36 所示。

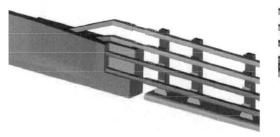

a) 从混凝土护栏驶向梁柱式型钢桥梁护栏

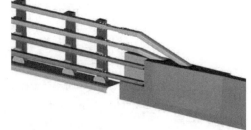

b) 从梁柱式型钢桥梁护栏驶向混凝土护栏

图 9-35 护栏过渡段仿真模型

从混凝土护栏驶向梁柱式型钢桥梁护栏
a) 小型客车

图 9-36

从梁柱式型钢桥梁护栏驶向混凝土护栏
a) 小型客车

从混凝土护栏驶向梁柱式型钢桥梁护栏

从梁柱式型钢桥梁护栏驶向混凝土护栏
b) 大型客车

从混凝土护栏驶向梁柱式型钢桥梁护栏

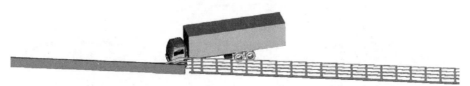

从梁柱式型钢桥梁护栏驶向混凝土护栏
c) 大型货车

图 9-36　三种碰撞车型分别碰撞五(SA)级护栏过渡段的仿真模型

9.4.2.2　仿真碰撞结果

(1) 小型客车碰撞护栏过渡段

图 9-37 为小型客车两个方向碰撞护栏过渡段的仿真结果,可见车辆平稳驶出,没有穿越、翻越、骑跨和下穿护栏现象,碰撞后车辆恢复到正常行驶姿态,碰撞区无构件脱离,阻挡和导向功能良好。从混凝土护栏驶向梁柱式型钢桥梁护栏时,纵向和横向的乘员碰撞后加速度分别为 163.21m/s^2、79.09m/s^2,均小于 200m/s^2,纵向和横向的乘员碰撞速度分别为 10.93m/s、7.27m/s,均小于 12m/s;从梁柱式型钢桥梁护栏驶向混凝土护栏时,纵向和横向的乘员碰撞后加速度分别为 59.24m/s^2、91.81m/s^2,均小于 200m/s^2,纵向和横向的乘员碰撞速度分别为 5.35m/s、7.20m/s,均小于 12m/s,缓冲性能良好。各项指标均满足现行评价标准要求。

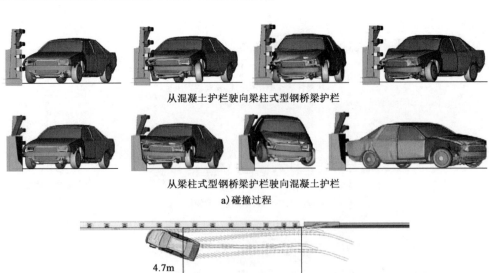

从混凝土护栏驶向梁柱式型钢桥梁护栏

从梁柱式型钢桥梁护栏驶向混凝土护栏

a) 碰撞过程

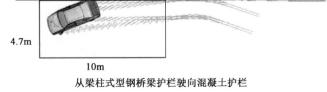

从混凝土护栏驶向梁柱式型钢桥梁护栏

从梁柱式型钢桥梁护栏驶向混凝土护栏

b) 行驶轨迹

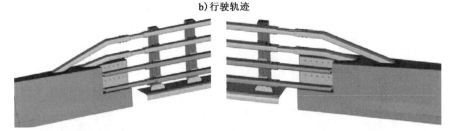

从混凝土护栏驶向梁柱式型钢桥梁护栏　　从梁柱式型钢桥梁护栏驶向混凝土护栏

c) 护栏过渡段变形

图 9-37　小型客车碰撞护栏过渡段仿真结果

从混凝土护栏驶向梁柱式型钢桥梁护栏时,护栏最大横向动态变形值为 0.02m,护栏最大横向动态位移外延值为 0.60m;从梁柱式型钢桥梁护栏驶向混凝土护栏时,护栏最大横向动态变形值为 0m,护栏最大横向动态位移外延值为 0.60m,如图 9-37c)所示。

(2) 大型客车碰撞护栏过渡段

图 9-38 为大型客车两个方向碰撞护栏过渡段的仿真结果,可见车辆平稳驶出,没有穿越、翻越和骑跨护栏现象,碰撞后车辆恢复到正常行驶姿态,碰撞区无构件脱离,阻挡和导向功能良好。各项指标满足现行评价标准要求。

从混凝土护栏驶向梁柱式型钢桥梁护栏时,护栏最大横向动态变形值为 0.14m,护栏最大横向动态位移外延值为 0.64m,大型客车碰撞过程中最大动态外倾值为 0.42m,外倾当量值为

0.52m;从梁柱式型钢桥梁护栏驶向混凝土护栏时,护栏最大横向动态变形值为0.17m,护栏最大横向动态位移外延值为0.67m,大型客车碰撞过程中最大动态外倾值为0.63m,外倾当量值为0.77m,如图9-38c)所示。

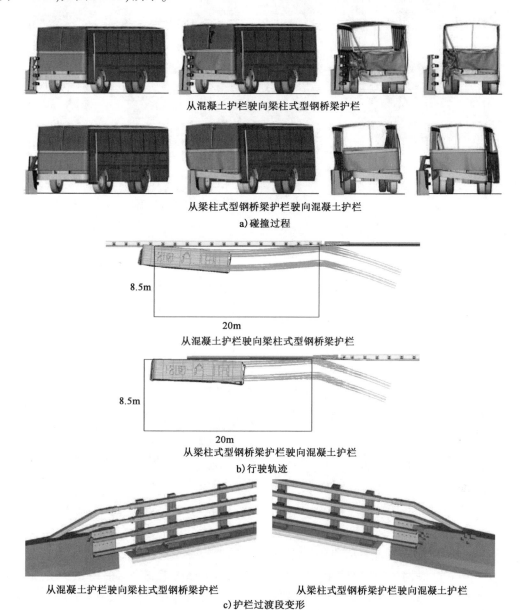

图9-38 大型客车碰撞护栏过渡段仿真结果

(3)大型货车碰撞护栏过渡段

图9-39为大型货车两个方向碰撞护栏过渡段的仿真结果,可见车辆平稳驶出,没有穿越、翻越和骑跨护栏现象,碰撞后车辆恢复到正常行驶姿态,碰撞区无构件脱离,阻挡和导向功能良好。各项指标满足现行评价标准要求。

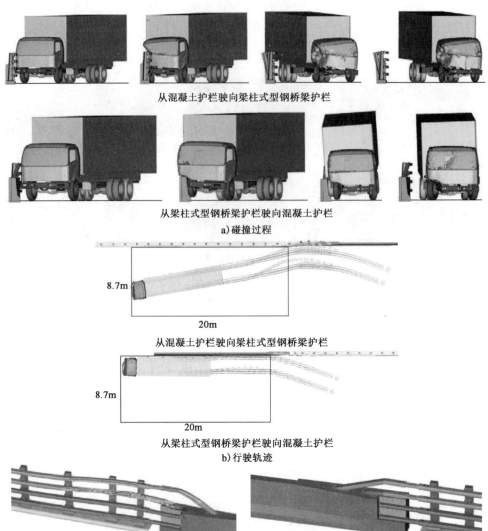

从混凝土护栏驶向梁柱式型钢桥梁护栏

从梁柱式型钢桥梁护栏驶向混凝土护栏

a) 碰撞过程

从混凝土护栏驶向梁柱式型钢桥梁护栏

从梁柱式型钢桥梁护栏驶向混凝土护栏

b) 行驶轨迹

从混凝土护栏驶向梁柱式型钢桥梁护栏　　从梁柱式型钢桥梁护栏驶向混凝土护栏

c) 护栏过渡段变形

图 9-39　大型货车碰撞护栏过渡段仿真结果

从混凝土护栏驶向梁柱式型钢桥梁护栏时,护栏最大横向动态变形值为 0.52m,护栏最大横向动态位移外延值为 0.85m,大型货车碰撞过程中最大动态外倾值为 0.64m,外倾当量值为 0.64m;从梁柱式型钢桥梁护栏驶向混凝土护栏时,护栏最大横向动态变形值为 0.85m,护栏最大横向动态位移外延值为 0.61m,大型货车碰撞过程中最大动态外倾值为 0.68m,外倾当量值为 0.72m,如图 9-39c) 所示。

由上可知,武穴长江公路大桥引桥段桥侧六(SS)级梁柱式型钢桥梁护栏与路侧五(SA)级混凝土护栏之间的过渡段结构安全防护性能可靠,满足《公路护栏安全性能评价标准》(JTG B05-01—2013)指标要求,可达到五(SA)级防护能力。

9.4.3 护栏过渡段安全防护余量分析

由于护栏过渡段属于安全防护的薄弱位置,发生碰撞事故的概率较高,其中,大型车辆碰撞能量过高时易发生穿越、翻越护栏过渡段冲出路外,小型客车则可能发生严重的绊阻现象,事故后果往往较为严重,如图 9-40 所示。为了更好地了解所设计护栏过渡段的安全防护效果,下面从安全角度出发,遵循不利原则,基于图 9-34 护栏过渡段结构,按照所连接护栏中较高的六(SS)级防护等级对护栏过渡段的安全防护性能进行仿真碰撞分析,探索该护栏过渡段的防护余量。

图 9-40 护栏过渡段事故

为了提升研究分析的高效性和合理性,在《公路护栏安全性能评价标准》(JTG B05-01—2013)中规定的六(SS)级碰撞条件基础上,采用碰撞能量最大的 33t 大型货车,以 60km/h 速度及碰撞角度 20°来碰撞护栏过渡段,包括车辆从五(SA)级混凝土护栏驶向六(SS)级梁柱式型钢桥梁护栏、车辆从六(SS)级梁柱式型钢桥梁护栏驶向五(SA)级混凝土护栏两个方向,碰撞点则均位于护栏过渡段中间位置,如图 9-41 所示。

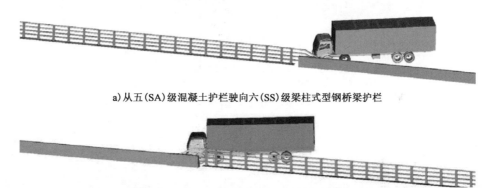

a) 从五(SA)级混凝土护栏驶向六(SS)级梁柱式型钢桥梁护栏

b) 从六(SS)级梁柱式型钢桥梁护栏驶向五(SA)级混凝土护栏

图 9-41 六(SS)级 33t 大型货车碰撞护栏过渡段的仿真模型

图 9-42 为仿真碰撞结果,可见 33t 大型货车平稳驶出,没有穿越、翻越和骑跨护栏现象,碰撞后车辆恢复到正常行驶姿态,碰撞区无构件脱离,阻挡和导向功能良好。从五(SA)级混凝土护栏驶向六(SS)级梁柱式型钢桥梁护栏时,护栏最大横向动态变形值为 0.45m,护栏最大横向动态位移外延值为 0.73m,大型货车碰撞过程中最大动态外倾值为 0.80m,外倾当量值为 0.84m;从六(SS)级梁柱式型钢桥梁护栏驶向五(SA)级混凝土护栏时,护栏最大横向动态变形值为 0.35m,护栏最大横向动态位移外延值为 0.74m,大型货车碰撞过程中最大动态外倾

值为0.48m，外倾当量值为0.51m。因此，该护栏过渡段的防护能力亦可达到《公路护栏安全性能评价标准》(JTG B05-01—2013)规定的六(SS)级。

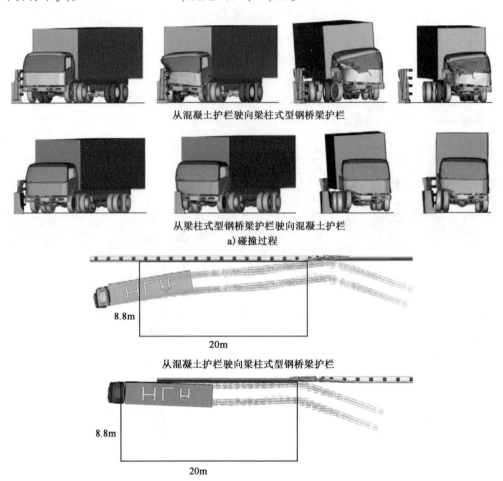

图9-42 六(SS)级33t大型货车碰撞护栏过渡段仿真结果

由上可知，图9-34护栏过渡段防护能力可达到六(SS)级，说明该护栏过渡段结构具有一定安全余量，防护性能可靠。

综上所述，混凝土护栏和梁柱式型钢桥梁护栏的过渡段结构安全防护性能可靠，在满足

《公路护栏安全性能评价标准》(JTG B05-01—2013)中五(SA)级防护指标要求的同时,亦可达到所连接护栏中的较高防护等级,说明该护栏过渡段的适应性能良好。

9.5 本章小结

本章从桥梁主体(钢箱梁桥)、桥侧构筑物(斜拉索、吊杆)、伸缩缝及过渡段四个方面,对八(HA)级跨江海缆索承重桥梁专用型钢护栏的公路适应性能进行了分析。该护栏的公路适应性能整体良好,为实际工程应用提供一定参考。需强调的是,若公路环境与研究存在差异,则具体工程中需要进行有针对性的应用设计与安全评估,以确保公路运营安全。

第10章 跨江海缆索承重桥梁专用型钢护栏车辆适应安全性能分析

车辆是公路护栏的主要防护对象,对于跨江海缆索承重桥梁专用型钢护栏来说,依据《公路护栏安全性能评价标准》(JTG B05-01—2013)中规定的八(HA)级碰撞条件,采用的碰撞车型包括1.5t小型客车、25t特大型客车、40t大型货车、55t鞍式列车共4种,如图10-1所示。规范规定的碰撞车型主要通过大量资料调研及数据统计分析得到,具有一定的代表性,但不能涵盖公路上的所有重要车型,如小型车辆中的"运动型多用途车(SUV)"、大中型车辆中的"罐车"等,且不同车型有不同的技术特点,而车辆的主要技术参数对碰撞结果亦会产生一定影响。

a) 1.5t小型客车

b) 25t特大型客车

c) 40t大型货车

d) 55t鞍式列车

图10-1 八(HA)级护栏标准碰撞车型

为了分析八(HA)级跨江海缆索承重桥梁专用型钢护栏对车辆的适应性,本章参照《公路护栏安全性能评价标准》(JTG B05-01—2013)对护栏设计防护能量及安全性能评价指标的要求,采用计算机仿真技术方法进行模拟计算,通过考察护栏对不同车型的阻挡功能、导向功能及缓冲功能指标,来评价跨江海缆索承重桥梁专用型钢护栏对于车辆适应的安全性,具体评价方法详见5.2节。

10.1 小型客车适应性分析

通过初步调研,目前公路上运行的小型客车主要包括微型轿车、小型轿车、小型越野车、中高级轿车、中大型越野车及厢型车等类型,其中小型轿车为《公路护栏安全性能评价标准》(JTG B05-01—2013)中规定的标准碰撞车型,八(HA)级跨江海缆索承重桥梁专用型钢护栏对小型轿车进行了有效阻挡与导向,乘员碰撞速度和乘员碰撞后加速度指标均未超过限值,缓冲功能良好(详见7.5.1节)。图10-2为除小型轿车以外的5种小型客车车辆类型。

图10-2 不同类型的小型客车仿真模型与实际车型

表10-1为微型轿车、小型越野车、中高级轿车、中大型越野车及厢型车的主要技术参数,可以看出微型轿车的总质量最轻、尺寸最小,碰撞过程中所受冲击程度可能更严重,且车辆姿态可控性可能更差,可作为碰撞车型;小型越野车、中高级轿车、厢型车的结构尺寸与使用功能(如家庭、商务、货运等)较为鲜明,公路占有量相对较高,亦均可作为碰撞车型;但中大型越野车的技术参数已基本被其他车型涵盖,公路占有量也相对较低,可不重复计算。因此,下面采

用微型轿车、小型越野车、中高级轿车、厢型车作为小型客车适应性分析的碰撞车型,合理高效地开展仿真模拟碰撞分析,以全面地了解八(HA)级跨江海缆索承重桥梁专用型钢护栏对不同类型小型客车的防护效果。

不同类型小型客车的主要技术参数   表 10-1

车辆类型		微型轿车	小型越野车	中高级轿车	中大型越野车	厢型车
车辆总质量(kg)		1000	1600	2300	2400	2500
整备质量(kg)		850±75	1400±100	1900±100	2000±100	2000±100
几何尺寸(mm)(容许误差±15%)						
前轮轮距		1400	1500	1600	1600	1700
车轮半径(空载状态)		310	360	350	375	350
轴距(最远轴间)		2300	2400	3000	2900	2500
车辆总长		3900	4000	5000	5000	5000
车辆总宽		1600	1800	1800	1800	1800
车辆总质量重心位置(mm)						
距前轴中心的纵向距离	容许误差±10%	1050	1400	1350	1400	1750
距地面高度		500	680	640	680	650
距纵向中心线的横向距离		±50	±80	±80	±80	±80

10.1.1 微型轿车仿真碰撞分析

图 10-3 为微型轿车碰撞标准八(HA)级跨江海缆索承重桥梁专用型钢护栏的仿真模型,碰撞条件依据公路交通流特征及标准规范要求,确定为车辆总质量 1t、碰撞速度 100km/h、碰撞角度 20°,并在车辆模型驾驶席上设置假人模型,且佩戴有效安全带,假人总质量为 86kg,假人头部距地面高度为 1.337m,碰撞点位于沿行车方向距离护栏标准段起点 1/3 长度处。

图 10-3 微型轿车碰撞标准护栏仿真模型

图 10-4 为微型轿车碰撞标准八(HA)级梁柱式型钢桥梁护栏的仿真结果,可见微型轿车平稳驶出,没有穿越、翻越、骑跨和下穿护栏现象,护栏构件及其脱离件没有侵入车辆乘员舱,碰撞后车辆恢复到正常行驶姿态,没有翻车,阻挡功能和导向功能良好。同时,假人头部性能指标(HPC,等同于头部伤害指标 HIC,T_0 和 T_e 为头部碰撞过程中的两个时间点)为 93.8,小于 1000;假人胸部压缩指标(ThCC)为 2.9mm,小于 75mm;假人大腿压缩力指标(FFC),左腿 0.409kN,右腿 1.171kN,均小于 10kN,缓冲功能良好;护栏最大横向动态变形值为 0.039m,护

栏最大横向动态位移外延值为 0.557m。因此,该护栏可有效保护微型轿车乘员安全,车辆乘员适应性能优秀。

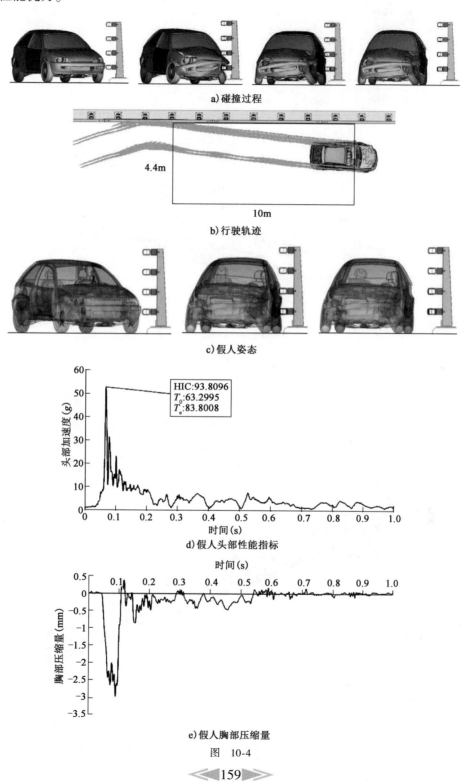

图 10-4

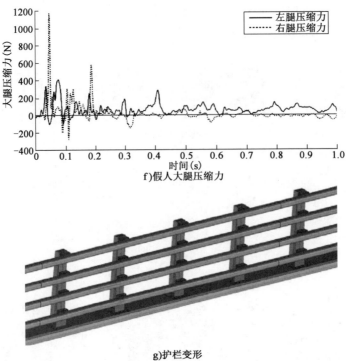

f)假人大腿压缩力

g)护栏变形

图 10-4　微型轿车碰撞标准护栏的仿真结果

10.1.2　小型越野车仿真碰撞分析

图 10-5 为小型越野车碰撞标准八(HA)级跨江海缆索承重桥梁专用型钢护栏的仿真模型,碰撞条件依据公路交通流特征及标准规范要求,确定为车辆总质量 1.6t、碰撞速度 100km/h、碰撞角度 20°,并在车辆模型驾驶席上设置假人模型,且佩戴有效安全带,假人总质量为 86kg,假人头部距地面高度为 1.640m,碰撞点位于沿行车方向距离护栏标准段起点 1/3 长度处。

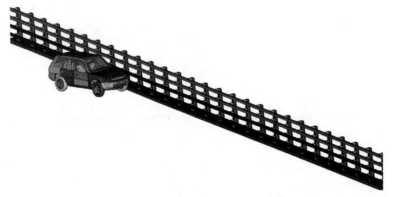

图 10-5　小型越野车碰撞标准护栏仿真模型

图 10-6 为小型越野车碰撞标准八(HA)级梁柱式型钢桥梁护栏的仿真结果,可见小型越野车平稳驶出,没有穿越、翻越、骑跨和下穿护栏现象,护栏构件及其脱离件没有侵入车辆乘员舱,碰撞后车辆恢复到正常行驶姿态,没有翻车,阻挡功能和导向功能良好。同时,假人头部性

能指标(HPC,等同于HIC)为153.5,小于1000;假人胸部压缩指标(ThCC)为2.1mm,小于75mm;假人大腿压缩力指标(FFC),左腿1.069kN,右腿1.285kN,均小于10kN,缓冲功能良好;护栏最大横向动态变形值为0.163m,护栏最大横向动态位移外延值为0.557m。因此,该护栏可有效保护小型越野车乘员安全,车辆乘员适应性能优秀。

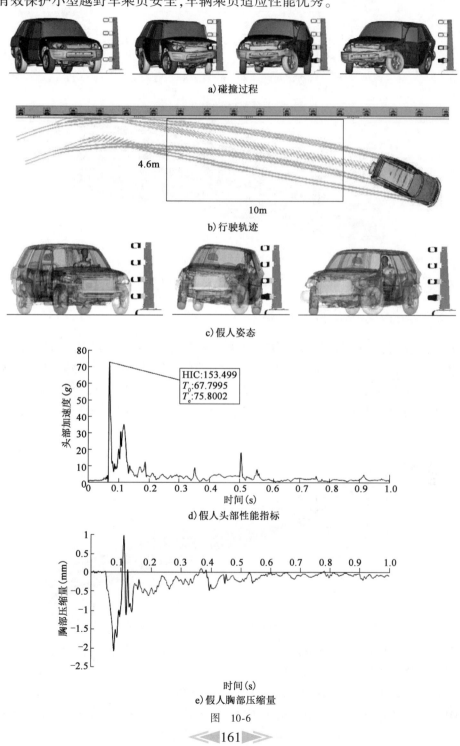

图 10-6

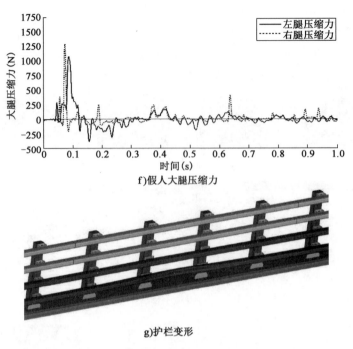

f) 假人大腿压缩力

g) 护栏变形

图 10-6　小型越野车碰撞标准护栏的仿真结果

10.1.3　中高级轿车仿真碰撞分析

图 10-7 为中高级轿车碰撞标准八(HA)级跨江海缆索承重桥梁专用型钢护栏的仿真模型，碰撞条件依据公路交通流特征及标准规范要求，确定为车辆总质量 2.3t、碰撞速度 100km/h、碰撞角度 20°，并在车辆模型驾驶席上设置假人模型，且佩戴有效安全带，假人总质量为 86kg，假人头部距地面高度为 1.541m，碰撞点位于沿行车方向距离护栏标准段起点 1/3 长度处。

图 10-7　中高级轿车碰撞标准护栏仿真模型

图 10-8 为中高级轿车碰撞标准八(HA)级梁柱式型钢桥梁护栏的仿真结果，可见中高级轿车平稳驶出，没有穿越、翻越、骑跨和下穿护栏现象，护栏构件及其脱离件没有侵入车辆乘员舱，碰撞后车辆恢复到正常行驶姿态，没有翻车，阻挡功能和导向功能良好。同时，假人头部性能指标(HPC，等同于 HIC)为 799.8，小于 1000；假人胸部压缩指标(ThCC)为 25.6mm，小于

75mm;假人大腿压缩力指标(FFC),左腿 2.188kN,右腿 1.840kN,均小于 10kN,缓冲功能良好;护栏最大横向动态变形值为 0.237m,护栏最大横向动态位移外延值为 0.557m。因此,该护栏可有效保护中高级轿车乘员安全,车辆乘员适应性能优秀。

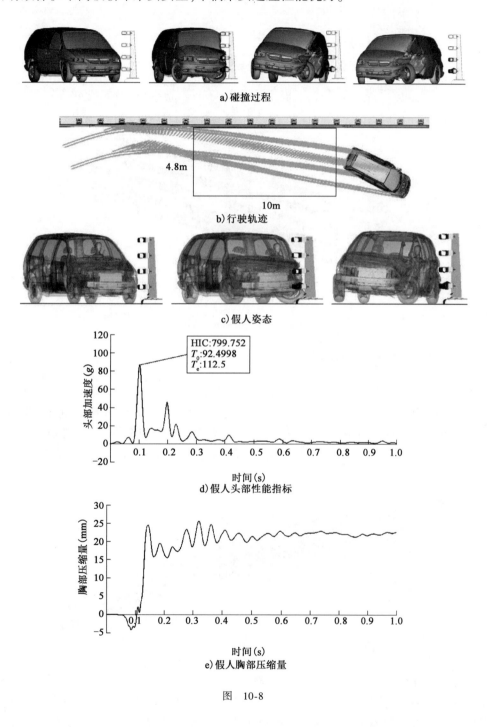

a) 碰撞过程

b) 行驶轨迹

c) 假人姿态

d) 假人头部性能指标

e) 假人胸部压缩量

图 10-8

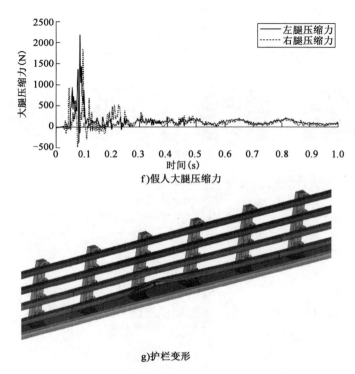

f) 假人大腿压缩力

g) 护栏变形

图 10-8　中高级轿车碰撞标准护栏的仿真结果

10.1.4　厢型车仿真碰撞分析

图 10-9 为厢型车碰撞标准八(HA)级跨江海缆索承重桥梁专用型钢护栏的仿真模型,碰撞条件依据公路交通流特征及标准规范要求,确定为车辆总质量 2.5t、碰撞速度 100km/h、碰撞角度 20°,并在车辆模型驾驶席上设置假人模型,且佩戴有效安全带,假人总质量为 86kg,假人头部距地面高度为 1.839m,碰撞点位于沿行车方向距离护栏标准段起点 1/3 长度处。

图 10-9　厢型车碰撞标准护栏仿真模型

图 10-10 为厢型车碰撞标准八(HA)级梁柱式型钢桥梁护栏的仿真结果,可见厢型车平稳驶出,没有穿越、翻越、骑跨和下穿护栏现象,护栏构件及其脱离件没有侵入车辆乘员舱,碰撞后车辆恢复到正常行驶姿态,没有翻车,阻挡功能和导向功能良好。同时,假人头部性能指标

(HPC,等同于 HIC)为 616.2,小于 1000;假人胸部压缩指标(ThCC)为 18.7mm,小于 75mm;假人大腿压缩力指标(FFC),左腿 0.667kN,右腿 0.898kN,均小于 10kN,缓冲功能良好;护栏最大横向动态变形值为 0.230m,护栏最大横向动态位移外延值为 0.557m。因此,该护栏可有效保护厢型车乘员安全,车辆乘员适应性能优秀。

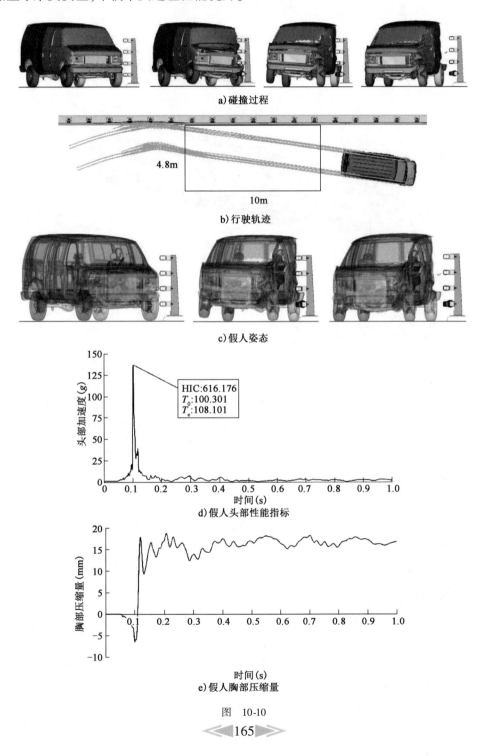

图 10-10

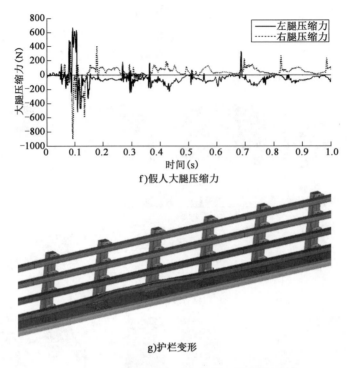

f) 假人大腿压缩力

g) 护栏变形

图 10-10 厢型车碰撞标准护栏的仿真结果

10.1.5 小型客车适应性结论

综上所述,标准八(HA)级梁柱式型钢桥梁护栏可对多种类型的小型客车进行有效防护,阻挡功能、导向功能和缓冲功能指标均满足要求,根据 5.5 节中表 5-5 的规定,说明该护栏的小型客车适应性能优秀,见表 10-2。

标准八(HA)级梁柱式型钢桥梁护栏的小型客车适应性能评价结论　　　　表 10-2

评价项目		微型轿车		小型越野车		中高级轿车		厢型车	
		测试结果	是否合格	测试结果	是否合格	测试结果	是否合格	测试结果	是否合格
阻挡功能	车辆是否穿越、翻越和骑跨评价样品	否	合格	否	合格	否	合格	否	合格
	评价样品构件及其脱离碎片是否侵入车辆乘员舱	否	合格	否	合格	否	合格	否	合格
导向功能	车辆碰撞后是否翻车	否	合格	否	合格	否	合格	否	合格
	车辆碰撞后的轮迹是否满足导向驶出框要求	是	合格	是	合格	是	合格	是	合格
缓冲功能	假人头部性能指标(HPC)	93.8	合格	153.5	合格	799.8	合格	616.2	合格
	假人胸部压缩指标(ThCC)	2.9mm	合格	2.1mm	合格	25.6mm	合格	18.7mm	合格
	假人大腿压缩力指标(FFC)	1.17kN	合格	1.29kN	合格	2.19kN	合格	0.9kN	合格

续上表

评价项目	微型轿车		小型越野车		中高级轿车		厢型车	
	测试结果	是否合格	测试结果	是否合格	测试结果	是否合格	测试结果	是否合格
护栏最大横向动态变形值 $D(m)$	0.039		0.163		0.237		0.230	
护栏最大横向动态位移外延值 $W(m)$	0.557		0.557		0.557		0.557	
评价结论	优秀		优秀		优秀		优秀	

10.2 大中型客车适应性分析

对于大中型客车来说，通过初步调研及相关标准规范规定，大中型客车主要包括 6t 两轴中型客车、10t 两轴中型客车、14t 两轴大型客车、18t 两轴大型客车及 25t 三轴特大型客车，如图 10-11 所示。其中，25t 三轴特大型客车为八（HA）级跨江海缆索承重桥梁专用型钢护栏的标准碰撞车型，该护栏可对其进行有效阻挡与导向（详见 7.4.2 节）。

a) 6t 两轴中型客车

b) 10t 两轴中型客车

c) 14t 两轴中型客车

d) 18t 两轴中型客车

e) 25t 三轴特大型客车

图 10-11 不同类型的大中型客车仿真模型与实际车型

表10-3为不同类型大中型客车的主要技术参数，可以看出除特大型客车外，其余4种车型虽然总质量相对较轻，相同碰撞速度和碰撞角度条件下的碰撞能量亦相对较低，但车辆结构尺寸存在一定差异，尤其是车辆高度不同对应的乘员位置有所区别。考虑到碰撞过程中乘员头部性能、胸部压缩、大腿压缩力是车辆适应性能分析的重要指标（详见5.5节），为此，选取乘员头部距路面高度差异显著的6t两轴中型客车、10t两轴中型客车及18t两轴大型客车作为碰撞车型，开展仿真模拟碰撞分析，以更加全面地了解八（HA）级跨江海缆索承重桥梁专用型钢护栏对不同类型大中型客车的防护效果。

不同类型大中型客车的主要技术参数　　　　　　　　　　　表10-3

车辆类型		中型客车	中型客车	大型客车	大型客车	特大型客车
轴数		2	2	2	2	3
车辆总质量(kg)		6000	10000	14000	18000	25000
整备质量(kg)		4080±300	6950±500	9860±800	12660±1000	17030±1000
几何尺寸(mm)(容许误差±15%)						
前轮轮距		1890	2020	2050	2110	2110
车轮半径(空载状态)		420	460	500	540	540
轴距(最远轴间)		3470	3810	4920	6010	7910
车辆总长		6450	8090	10170	11910	13650
车辆总宽		2260	2440	2490	2550	2550
车辆总质量重心位置(mm)						
距前轴中心的纵向距离	容许误差±10%	2140	2520	3270	3870	5100
距地面高度		1000	1200	1280	1280	1280
距纵向中心线的横向距离		±90	±100	±100	±100	±100

10.2.1　6t两轴中型客车仿真碰撞分析

图10-12为6t两轴中型客车碰撞标准八（HA）级跨江海缆索承重桥梁专用型钢护栏的仿真模型，碰撞条件依据公路交通流特征及标准规范要求，确定为车辆总质量6t、碰撞速度80km/h、碰撞角度20°，并在车辆模型驾驶席上设置假人模型，且佩戴有效安全带，假人总质量为86kg，假人头部距地面高度为2.167m，碰撞点位于沿行车方向距离护栏标准段起点1/3长度处。

图10-12　6t两轴中型客车碰撞标准护栏仿真模型

图 10-13 为 6t 两轴中型客车碰撞标准八(HA)级梁柱式型钢桥梁护栏的仿真结果,可见 6t 两轴中型客车平稳驶出,没有穿越、翻越、骑跨和下穿护栏现象,护栏构件及其脱离件没有侵入车辆乘员舱,碰撞后车辆恢复到正常行驶姿态,没有翻车,阻挡功能和导向功能良好。同时,假人头部性能指标(HPC,等同于HIC)为91.9,小于1000;假人胸部压缩指标(ThCC)为2.5mm,小于75mm;假人大腿压缩力指标(FFC),左腿0.224kN,右腿0.317kN,均小于10kN,缓冲功能良好;护栏最大横向动态变形值为0.276m,护栏最大横向动态位移外延值为0.557m,6t 两轴中型客车碰撞过程中最大动态外倾值为0.221m、最大动态外倾当量值为0.321m。因此,该护栏可有效防护 6t 两轴中型客车,保护车辆及乘员安全,车辆乘员适应性能优秀。

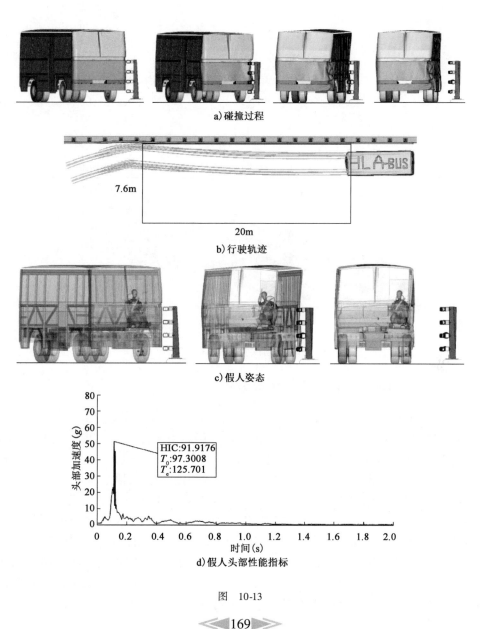

图 10-13

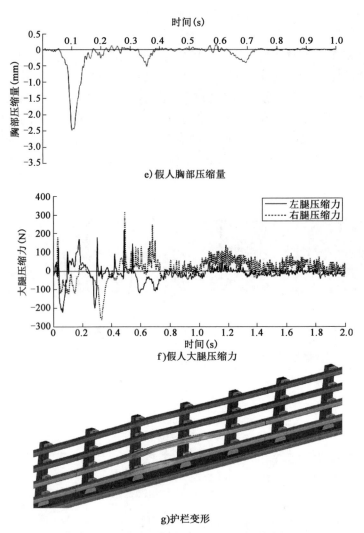

图 10-13 6t 两轴中型客车碰撞标准护栏的仿真结果

10.2.2 10t 两轴中型客车仿真碰撞分析

图 10-14 为 10t 两轴中型客车碰撞标准八（HA）级跨江海缆索承重桥梁专用型钢护栏的仿真模型，碰撞条件依据公路交通流特征及标准规范要求，确定为车辆总质量 10t、碰撞速度 80km/h、碰撞角度 20°，并在车辆模型驾驶席上设置假人模型，且佩戴有效安全带，假人总质量为 86kg，假人头部距地面高度为 2.237m，碰撞点位于沿行车方向距离护栏标准段起点 1/3 长度处。

图 10-15 为 10t 两轴中型客车碰撞标准八（HA）级梁柱式型钢桥梁护栏的仿真结果，可见 10t 两轴中型客车平稳驶出，没有穿越、翻越、骑跨和下穿护栏现象，护栏构件及其脱离件没有侵入车辆乘员舱，碰撞后车辆恢复到正常行驶姿态，没有翻车，阻挡功能和导向功能良好。同时，假人头部性能指标（HPC，等同于 HIC）为 483.1，小于 1000；假人胸部压缩指标（ThCC）为 2.5mm，小于 75mm；假人大腿压缩力指标（FFC），左腿 0.406kN，右腿 0.732kN，均小于 10kN，缓冲功能良好；护栏最大横向动态变形值为 0.322m，护栏最大横向动态位移外延值为 0.599m，10t

两轴中型客车碰撞过程中最大动态外倾值为 0.349m、最大动态外倾当量值为 0.511m。因此，该护栏可有效防护 10t 两轴中型客车，保护车辆及乘员安全，车辆乘员适应性能优秀。

图 10-14　10t 两轴中型客车碰撞标准护栏仿真模型

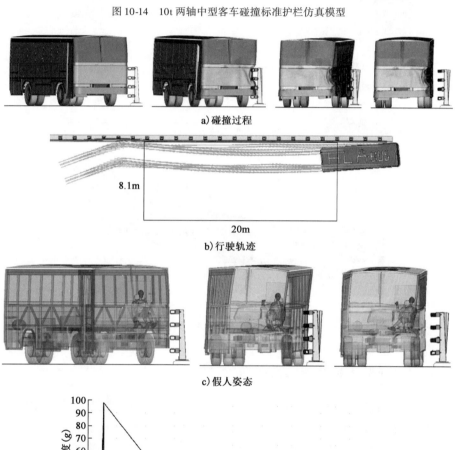

a) 碰撞过程

b) 行驶轨迹

c) 假人姿态

d) 假人头部性能指标

图　10-15

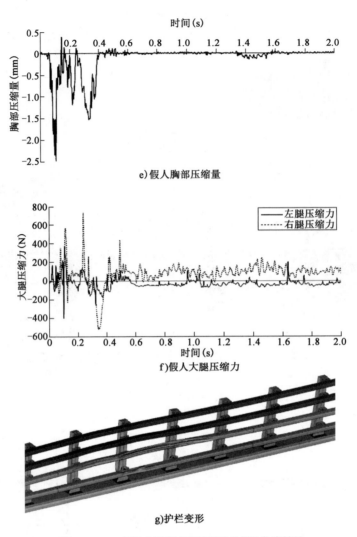

图10-15 10t两轴中型客车碰撞标准护栏的仿真结果

10.2.3　18t两轴大型客车仿真碰撞分析

图10-16为18t两轴大型客车碰撞标准八（HA）级跨江海缆索承重桥梁专用型钢护栏的仿真模型，碰撞条件依据公路交通流特征及标准规范要求，确定为车辆总质量18t、碰撞速度80km/h、碰撞角度20°，并在车辆模型驾驶席上设置假人模型，且佩戴有效安全带，假人总质量为86kg，假人头部距地面高度为2.339m，碰撞点位于沿行车方向距离护栏标准段起点1/3长度处。

图10-17为18t两轴大型客车碰撞标准八（HA）级梁柱式型钢桥梁护栏的仿真结果，可见18t两轴大型客车平稳驶出，没有穿越、翻越、骑跨和下穿护栏现象，护栏构件及其脱离件没有侵入车辆乘员舱，碰撞后车辆恢复到正常行驶姿态，没有翻车，阻挡功能和导向功能良好。同时，假人头部性能指标（HPC，等同于HIC）为291.3，小于1000；假人胸部压缩指标（ThCC）为2.9mm，小于75mm；假人大腿压缩力指标（FFC），左腿1.636kN，右腿1.527kN，均小于10kN，缓冲

功能良好；护栏最大横向动态变形值为 0.437m，护栏最大横向动态位移外延值为 0.821m，18t 两轴大型客车碰撞过程中最大动态外倾值为 0.657m、最大动态外倾当量值为 0.828m。因此，该护栏可有效防护 18t 两轴大型客车，保护车辆及乘员安全，车辆乘员适应性能优秀。

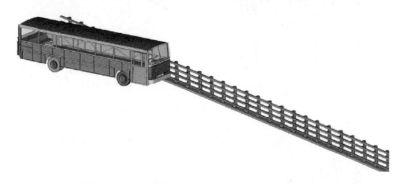

图 10-16　18t 两轴大型客车碰撞标准护栏仿真模型

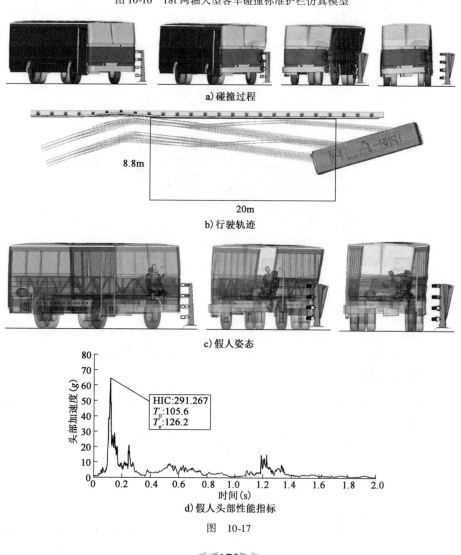

图　10-17

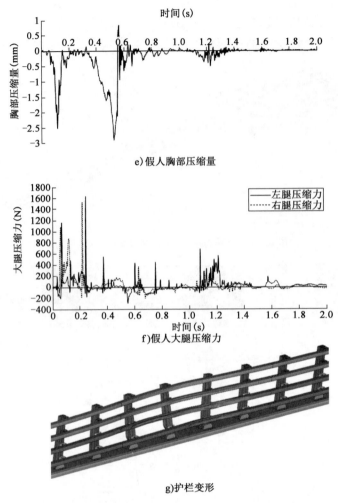

图10-17 18t两轴大型客车碰撞标准护栏的仿真结果

10.2.4 大中型客车适应性结论

综上所述,标准八(HA)级梁柱式型钢桥梁护栏可对多种类型的大中型客车进行有效防护,阻挡功能、导向功能和缓冲功能指标均满足要求,根据5.5节中表5-5的规定,说明该护栏的大中型客车适应性能优秀,见表10-4。

标准八(HA)级梁柱式型钢桥梁护栏的大中型客车适应性能评价结论　　　表10-4

评价项目		6t 两轴中型客车		10t 两轴中型客车		18t 两轴大型客车	
		测试结果	是否合格	测试结果	是否合格	测试结果	是否合格
阻挡功能	车辆是否穿越、翻越和骑跨评价样品	否	合格	否	合格	否	合格
	评价样品构件及其脱离碎片是否侵入车辆乘员舱	否	合格	否	合格	否	合格

续上表

评价项目		6t 两轴中型客车		10t 两轴中型客车		18t 两轴大型客车	
		测试结果	是否合格	测试结果	是否合格	测试结果	是否合格
导向功能	车辆碰撞后是否翻车	否	合格	否	合格	否	合格
	车辆碰撞后的轮迹是否满足导向驶出框要求	是	合格	是	合格	是	合格
缓冲功能	假人头部性能指标（HPC）	91.9	合格	483.1	合格	291.3	合格
	假人胸部压缩指标（ThCC）	2.5mm	合格	2.5mm	合格	2.9mm	合格
	假人大腿压缩力指标（FFC）	0.317kN	合格	0.732kN	合格	1.636kN	合格
护栏最大横向动态变形值 $D(m)$		0.276		0.322		0.437	
护栏最大横向动态位移外延值 $W(m)$		0.557		0.599		0.821	
车辆最大动态外倾值 $VI(m)$		0.221		0.349		0.657	
车辆最大动态外倾当量值 $VI_n(m)$		0.321		0.511		0.828	
评价结论		优秀		优秀		优秀	

10.3 大中型货车适应性分析

对于大中型货车来说，通过初步调研及相关标准规范规定，大中型货车主要包括 6t 和 10t 两轴中型货车、18t 和 25t 三轴大型货车、31t 和 40t 四轴大型货车、55t 六轴鞍式列车和 55t 六轴罐车，如图 10-18 所示。其中，40t 四轴大型货车和 55t 六轴鞍式列车为八（HA）级跨江海缆索承重桥梁专用型钢护栏的标准碰撞车型，该护栏可对这两种货车车型进行有效阻挡与导向（详见 7.4.3 节和 7.4.4 节）。

a) 6t两轴中型货车

b) 10t两轴中型货车

c) 18t和25t三轴大型货车

图 10-18

d)31t和40t四轴大型货车

e)55t六轴鞍式列车

f)55t六轴罐车

图 10-18　不同类型的大中型货车仿真模型与实际车型

表 10-5 为不同类型大中型货车的主要技术参数，可以看出不同轴数的货车，货厢底板高度、重心高度等车辆结构尺寸存在一定差异，相应的乘员头部位置亦有所区别。为了分析乘员头部是否碰撞护栏的车辆适应性指标，从较不利角度出发，将 10t 两轴中型货车和 25t 三轴大型货车作为碰撞车型，四轴和六轴的大型货车则不再重复计算；同时，罐车的外形结构与使用功能具有特殊性，且事故后果更为严重，亦需将其作为碰撞车型之一。因此，下面将 10t 两轴中型货车、25t 三轴大型货车和 55t 六轴罐车作为碰撞车型，开展仿真模拟碰撞分析，以更加全面地了解八(HA)级跨江海缆索承重桥梁专用型钢护栏对不同类型大中型货车的防护效果。

不同类型大中型货车的主要技术参数　　表 10-5

车辆类型	中型货车		大型货车					
	整体式货车		整体式货车		整体式货车		鞍式列车	
轴数	2		3		4		6	
车辆总质量(kg)	6000	10000	18000	25000	31000	40000	49000	55000
整备质量(kg)	2830 ± 300	4450 ± 500	9050 ± 1000		11460 ± 1000		13520 ± 1000	
几何尺寸(mm)(容许误差 ±15%)								
前轮轮距	1570	1730	1930		1950		1960	
车轮半径(空载状态)	410	460	500		520		520	
轴距(最远轴间)	3380	3870	6910		7610		13420	
车辆总长	6210	7040	11300		11900		16800	
车辆总宽	2080	2290	2470		2490		2500	
货厢底板高度	1000	1080	1250		1250		1480	
配载重心位置(mm)								
距地面高度(容许误差 ±10%)	1310	1410	1580		1910		1920	
距纵向中心线的横向距离	±100	±100	±100		±100		±100	

10.3.1 10t 两轴中型货车仿真碰撞分析

图 10-19 为 10t 两轴中型货车碰撞标准八（HA）级跨江海缆索承重桥梁专用型钢护栏的仿真模型，碰撞条件依据公路交通流特征及标准规范要求，确定为车辆总质量 10t、碰撞速度 60km/h、碰撞角度 20°，并在车辆模型驾驶席上设置假人模型，且佩戴有效安全带，假人总质量为 86kg，假人头部距地面高度为 2.133m，碰撞点位于沿行车方向距离护栏标准段起点 1/3 长度处。

图 10-19 10t 两轴中型货车碰撞标准护栏仿真模型

图 10-20 为 10t 两轴中型货车碰撞标准八（HA）级梁柱式型钢桥梁护栏的仿真结果，可见 10t 两轴中型货车平稳驶出，没有穿越、翻越、骑跨和下穿护栏现象，护栏构件及其脱离件没有侵入车辆乘员舱，碰撞后车辆恢复到正常行驶姿态，没有翻车，阻挡功能和导向功能良好。同时，假人头部性能指标（HPC，等同于 HIC）为 464.1，小于 1000；假人胸部压缩指标（ThCC）为 1.5mm，小于 75mm，假人大腿压缩力指标（FFC），左腿 0.604kN，右腿 0.446kN，均小于 10kN，缓冲功能良好；护栏最大横向动态变形值为 0.275m，护栏最大横向动态位移外延值为 0.557m，10t 两轴中型货车碰撞过程中最大动态外倾值为 0.147m、最大动态外倾当量值为 0.523m。因此，该护栏可有效防护 10t 两轴中型货车，保护车辆及乘员安全，车辆乘员适应性能优秀。

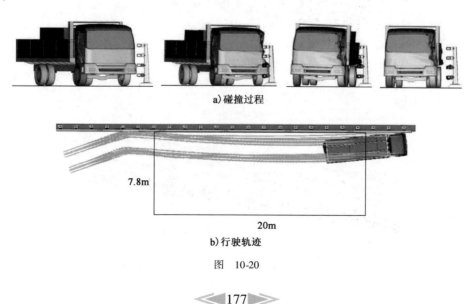

a) 碰撞过程

b) 行驶轨迹

图 10-20

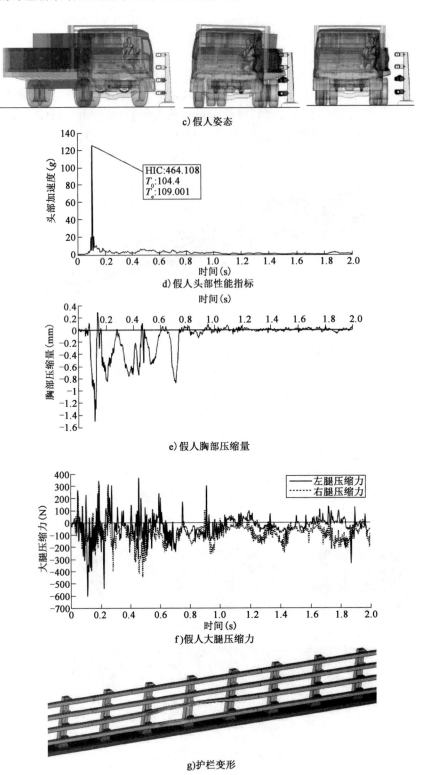

图 10-20　10t 两轴中型货车碰撞标准护栏的仿真结果

10.3.2 25t 三轴大型货车仿真碰撞分析

图 10-21 为 25t 三轴大型货车碰撞标准八(HA)级跨江海缆索承重桥梁专用型钢护栏的仿真模型,碰撞条件依据公路交通流特征及标准规范要求,确定为车辆总质量 25t、碰撞速度 60km/h、碰撞角度 20°,并在车辆模型驾驶席上设置假人模型,且佩戴有效安全带,假人总质量为 86kg,假人头部距地面高度为 2.362m,碰撞点位于沿行车方向距离护栏标准段起点 1/3 长度处。

图 10-21 25t 三轴大型货车碰撞标准护栏仿真模型

图 10-22 为 25t 三轴大型货车碰撞标准八(HA)级梁柱式型钢桥梁护栏的仿真结果,可见 25t 三轴大型货车平稳驶出,没有穿越、翻越、骑跨和下穿护栏现象,护栏构件及其脱离件没有侵入车辆乘员舱,碰撞后车辆恢复到正常行驶姿态,没有翻车,阻挡功能和导向功能良好。同时,假人头部性能指标(HPC,等同于 HIC)为 73.9,小于 1000;假人胸部压缩指标(ThCC)为 2.7mm,小于 75mm;假人大腿压缩力指标(FFC):左腿 1.015kN,右腿 0.421kN,均小于 10kN,缓冲功能良好;护栏最大横向动态变形值为 0.329m,护栏最大横向动态位移外延值为 0.632m,25t 三轴大型货车碰撞过程中最大动态外倾值为 0.445m、最大动态外倾当量值为 0.506m。因此,该护栏可有效防护 25t 三轴大型货车,保护车辆及乘员安全,车辆乘员适应性能优秀。

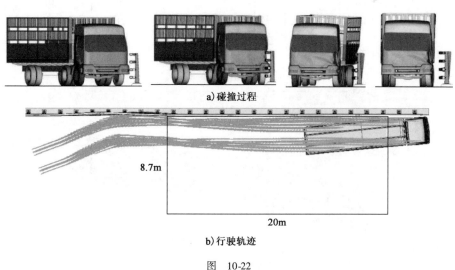

a) 碰撞过程

b) 行驶轨迹

图 10-22

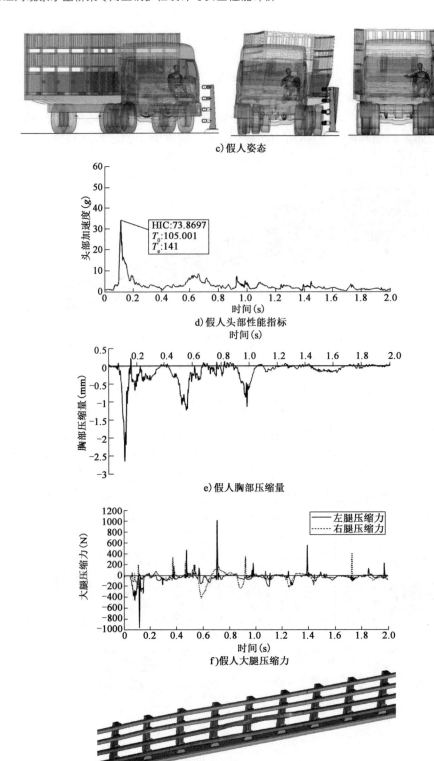

图 10-22　25t 三轴大型货车碰撞标准护栏的仿真结果

10.3.3 55t六轴罐车仿真碰撞分析

图10-23为55t六轴罐车碰撞标准八(HA)级跨江海缆索承重桥梁专用型钢护栏的仿真模型,碰撞条件依据公路交通流特征及标准规范要求,确定为车辆总质量55t、碰撞速度60km/h、碰撞角度20°,并在车辆模型驾驶席上设置假人模型,且佩戴有效安全带,假人总质量为86kg,假人头部距地面高度为2.373m,碰撞点位于沿行车方向距离护栏标准段起点1/3长度处。

图10-23　55t六轴罐车碰撞标准护栏仿真模型

图10-24为55t六轴罐车碰撞标准八(HA)级梁柱式型钢桥梁护栏的仿真结果,可见55t六轴罐车平稳驶出,没有穿越、翻越、骑跨和下穿护栏现象,护栏构件及其脱离件没有侵入车辆乘员舱,碰撞后车辆恢复到正常行驶姿态,没有翻车,阻挡功能和导向功能良好。同时,假人头部性能指标(HPC,等同于HIC)为494.5,小于1000;假人胸部压缩指标(ThCC)为2.3mm,小于75mm;假人大腿压缩力指标(FFC),左腿1.237kN,右腿0.768kN,均小于10kN,缓冲功能良好;护栏最大横向动态变形值为0.681m,护栏最大横向动态位移外延值为0.980m,55t六轴罐车碰撞过程中最大动态外倾值为0.755m、最大动态外倾当量值为0.774m。因此,该护栏可有效防护55t六轴罐车,保护车辆及乘员安全,车辆乘员适应性能优秀。

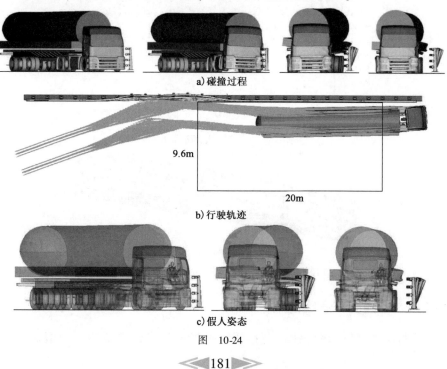

a) 碰撞过程

b) 行驶轨迹

c) 假人姿态

图　10-24

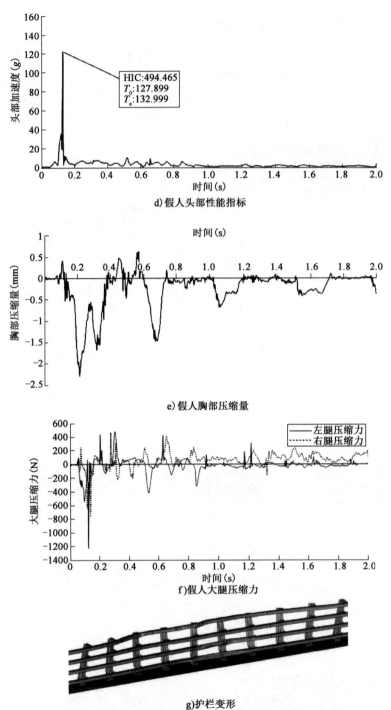

图 10-24　55t 六轴罐车碰撞标准护栏的仿真结果

10.3.4　大中型货车适应性结论

综上所述,标准八(HA)级梁柱式型钢桥梁护栏可对多种类型的大中型货车进行有效防护,阻挡功能、导向功能和缓冲功能指标均满足要求,根据 5.5 节中表 5-5 的规定,说明该护栏的大中型货车适应性能优秀,见表 10-6。

标准八(HA)级梁柱式型钢桥梁护栏的大中型货车适应性能评价结论　　表 10-6

评价项目		10t 两轴中型货车		25t 三轴大型货车		55t 六轴罐车	
		测试结果	是否合格	测试结果	是否合格	测试结果	是否合格
阻挡功能	车辆是否穿越、翻越和骑跨评价样品	否	合格	否	合格	否	合格
	评价样品构件及其脱离碎片是否侵入车辆乘员舱	否	合格	否	合格	否	合格
导向功能	车辆碰撞后是否翻车	否	合格	否	合格	否	合格
	车辆碰撞后的轮迹是否满足导向驶出框要求	是	合格	是	合格	是	合格
缓冲功能	假人头部性能指标 HPC	464.1	合格	73.9	合格	494.5	合格
	假人胸部压缩指标 ThCC（mm）	1.5	合格	2.7	合格	2.3	合格
	假人大腿压缩力指标 FFC（kN）	0.604	合格	1.015	合格	1.237	合格
护栏最大横向动态变形值 $D(m)$		0.275		0.329		0.681	
护栏最大横向动态位移外延值 $W(m)$		0.557		0.632		0.980	
车辆最大动态外倾值 $VI(m)$		0.147		0.445		0.755	
车辆最大动态外倾当量值 $VI_n(m)$		0.523		0.506		0.774	
评价结论		优秀		优秀		优秀	

10.4　本章小结

本章针对公路上常见的车型,对八(HA)级跨江海缆索承重桥梁专用型钢护栏的车辆适应性能进行了分析。该护栏对微型轿车、小型越野车、中高级轿车、厢型车、两轴客车、两轴货车、三轴货车及六轴罐车等均可进行有效防护,阻挡功能、导向功能和缓冲功能指标均满足要求,车辆乘员适应性能整体优秀,对实车足尺碰撞试验进行了有效补充,一定程度上减轻了相关部门对护栏能否防护多样化车型的顾虑,更好地支撑护栏成果在实际工程中的安全合理应用。

参 考 文 献

[1] 凤懋润.中国的跨江海桥梁建设工程:成就、创新及管理实践[J].工程研究——跨学科视野中的工程,2013,5(01):35-52.

[2] 蓝兰.我国跨海大桥建设情况分析[J].交通世界(建养.机械),2012(10):24-30.

[3] 苏权科,谢红兵.港珠澳大桥钢结构桥梁建设综述[J].中国公路学报,2016,29(12):1-9.

[4] 刘瑞勋.中、美规范关于梁柱式钢护栏比较[J].安徽建筑,2018,24(01):14-17.

[5] 林康,倪正田,秦玉峰.日中桥梁护栏设计介绍与对比[J].特种结构,2019,36(03):89-95.

[6] 巩妮娜.浅谈金属梁柱式桥梁护栏[J].交通标准化,2007(12):165-166.

[7] 交通部.高速公路交通安全设施设计及施工技术规范:JTJ 074—1994[S].北京:人民交通出版社,1994.

[8] 交通运输部.公路护栏安全性能评价标准:JTG B05-01—2013[S].北京:人民交通出版社,2013.

[9] 交通运输部.公路交通安全设施设计规范:JTG D81—2006[S].北京:人民交通出版社,2006.

[10] 交通运输部.公路交通安全设施设计细则:JTG/T D81—2006[S].北京:人民交通出版社,2006.

[11] 交通运输部.公路交通安全设施设计规范:JTG D81—2017[S].北京:人民交通出版社股份有限公司,2017.

[12] 交通运输部.公路交通安全设施设计细则:JTG/T D81—2017[S].北京:人民交通出版社股份有限公司,2017.

[13] 交通运输部.公路桥涵设计通用规范:JTG D60—2015[S].北京:人民交通出版社股份有限公司,2015.

[14] 交通运输部.公路工程质量检验评定标准 第一册 土建工程:JTG F80/1—2017[S].北京:人民交通出版社股份有限公司,2017.

[15] 金国平.浅谈道路交通护栏的分类及设置原则[J].中国科技博览,2014(3):241.

[16] 泰德·彼莱奇科,等.连续体和结构的非线性有限元[M].庄茁,译.北京:清华大学出版社,2002.

[17] 张鹏,周德源.基于ANSYS/LS-DYNA的护栏冲击模拟分析精度研究[J].振动与冲击,2008,27(4):147-152.

[18] 舒翔,张晓晴,黄小清,等.高速公路护栏系统的有限元优化分析[J].公路交通科技,2006(5):121-125.

[19] 谢素超,田红旗,姚松.车辆吸能部件的碰撞试验与数值仿真[J].交通运输工程学报,2008,8(3):1-5.

[20] 黄红武.轿车与高速公路护栏碰撞事故分析及仿真研究[D].长沙:湖南大学,2003.

[21] 申杰,金先龙,陈建国.汽车碰撞护栏事故再现方法[J].振动与冲击,2007(5).

[22] 周炜,张天侠,崔海涛,等.轿车与公路护栏碰撞的有限元仿真[J].北京工业大学学报,

2008,34(3):298-303.

[23] 闫书明.有限元仿真方法评价护栏安全性能的可行性[J].振动与冲击,2011,30(1):152-156.

[24] 毛雯丽.桥梁梁柱式钢护栏防撞性能仿真计算研究[D].杭州:浙江工业大学,2012.

[25] 黄红武,刘正恒,杨济匡.基于计算机仿真的汽车与高速公路护栏碰撞事故的分析与研究[J].湖南大学学报(自然科学版),2002,29(6).

[26] 周炜,张天侠,乔希永,等.汽车与不同形式高速公路护栏碰撞的试验研究[J].公路交通科技,2006,23(7):137-141.

[27] American Association of State Highway and Transportation Officials. MASH-1 Manual for Assessing Safety Hardware[S]. Edition1.3. United States of America:American Association of State Highway and Transportation Officials,2009.

[28] 龚平,王新,王燕德.高防护等级桥梁钢护栏景观设计研究[J].公路交通科技(应用技术版),2016,12(03):341-344.

[29] 蔡梦非.桥梁金属梁柱式车行护栏试件设计浅析[J].城市道桥与防洪,2020(03):100-103,16-17.

[30] 曹明庆.金属梁柱式桥梁护栏实用设计方法[J].北方交通,2013(12):68-71.

[31] 谢玉萌,朱自萍.高速公路桥梁护栏设计方法研究[J].工程与建设,2018,32(04):514-516,529.

[32] 韩海峰,皮振新,李新伟.新型梁柱式钢护栏研发与防撞性能试验研究[J].中外公路,2016,36(05):323-326.

[33] 李德和,马亮,王新,等.洛塘河双层高架特大桥护栏碰撞条件与评价标准[J].特种结构,2013,30(02):69-73.

[34] 李勤策,亢寒晶,卢旭伟,等.特高等级混凝土桥梁护栏设计研究[J].城市道桥与防洪,2018(01):10,50-54.

[35] 陈向阳,邰永刚,张颖.跨海桥梁组合式护栏设计研究[J].公路交通技术,2010(06):68-70.

[36] 李勤策,龚帅,喻丹凤,等.HA级三横梁组合式桥梁护栏设计优化[J].城市道桥与防洪,2017(12).

[37] 闫书明,郑斌,李黎龙,等.梁柱式型钢护栏设计优化及安全性能评价[J].公路交通科技,2012,29(01):139-144.

[38] 闫书明,惠斌,李巍,等.基于碰撞分析的特高防撞等级桥梁护栏安全评价[J].特种结构,2010,27(01):66-70.

[39] 刘明虎,张门哲,亢寒晶,等.桥梁嵌固式基础中央分隔带钢护栏安全性分析[J].中外公路,2019,39(03):291-296.

[40] 郑蔚澜.公路护栏开发方法概述[J].公路交通技术,2003(04):42-44.

[41] 毛雯丽.桥梁梁柱式钢护栏防撞性能仿真计算研究[D].杭州:浙江工业大学,2012.

[42] 闫书明,郑斌,李黎龙,等.梁柱式型钢护栏设计优化及安全性能评价[J].公路交通科技,2012,29(01):139-144.

[43] 罗爱道,龚帅,滕玉禄,等.黄龙带特大桥桥侧护栏优化[J].城市道桥与防洪,2016(07):104-109,14.

[44] 邰永刚,刘小勇,张颖,等.车辆碰撞护栏对桥梁翼缘板的影响研究[J].公路工程,2010,35(03):81-84.

[45] 卢辉,龚帅,林海腾,等.跨水资源路段高等级桥梁护栏及防抛设施设计[J].特种结构,2019,36(06):63-67.

[46] 刘洋.公路桥梁护栏安全结构设计研究[J].华东公路,2020(01):34-36.

[47] 张志强.车辆撞击公路桥梁护栏仿真分析[J].公路交通科技(应用技术版),2019,15(08):233-236.

[48] 王永楷.论公路桥梁护栏安全结构设计的实现[J].科技经济导刊,2020,28(08):89.

[49] 王晓静,牛素霞.浅析桥梁护栏的造型设计[J].建材与装饰,2018(04):280-281.

[50] 刘瑞勋.中、美规范关于梁柱式钢护栏比较[J].安徽建筑,2018,24(01):14-17.

[51] 刘福军.一种梁柱式桥梁护栏的开发[J].北方交通,2015(09):24-27.

[52] 皮振新,刘小勇.弹头型梁柱式钢护栏仿真评价[J].道路交通与安全,2015,15(04):49-52.

[53] 闫书明,方磊,张梁,等.港珠澳大桥护栏碰撞试验条件研究[J].城市道桥与防洪,2011(04):10,87-89.

[54] 刘胜川,毛嘉川,曾鹏,等.桥梁段双层组合式安全护栏碰撞性能数值模拟[J].中国安全科学学报,2014,24(11):53-59.

[55] 刘玉柱,杨振峰,刘剑,等.梁柱式钢护栏加固改造方案设计研究[J].公路,2009(09):242-245.

[56] 侯德藻,袁玉波,杨曼娟,等.在用桥梁护栏安全性能改进方法研究[J].公路交通科技,2010,27(05):110-116.

[57] 肖龙.青岛海湾大桥防撞护栏外观质量控制技术要点[J].珠江水运,2018(19):83-84.

[58] 张建.大型跨海、跨境交通基建项目护栏安全性研究[J].广东建材,2011,27(03):41-42.

[59] 崔洪军,崔姗,邢小高,等.护栏高度变化对防撞能力影响研究[J].重庆交通大学学报(自然科学版),2015,34(1):84-86.

[60] 黄红武,莫劲翔,杨济匡,等.影响护栏防护性能的相关因素研究[J].湖南大学学报(自然科学版),2004,31(2):45-47.

[61] 王剑文.高速公路安全设施——护栏设计要点[J].交通标准化,2010(18):29-33.

[62] 蔡梦非.桥梁金属梁柱式车行护栏试件设计浅析[J].城市道桥与防洪,2020(03):16-17,100-103.

[63] 刘洋.公路桥梁护栏安全结构设计研究[J].华东公路,2020(01):34-36.

[64] 关长禄,任立锋,董浩.钢筋混凝土桥梁面板与金属梁柱式护栏连接方法对比分析[J].公路,2015,60(04):263-266.

[65] 汤天明,亢寒晶,邓宝,等.大位移量桥梁伸缩缝处护栏设计研究[J].世界桥梁,2020,48(04):11-15.

[66] 付晓鹏,马晴,廖贵星,等.桥梁梁柱式型钢护栏结构优化研究[J].桥梁建设,2020,50(S1):44-50.

[67] 闫书明,郑斌,李黎龙,等.梁柱式型钢护栏设计优化及安全性能评价[J].公路交通科技,2012,29(01):139-144.

[68] 王爱民,高建雨,汤天明,等.梁柱式型钢护栏与混凝土护栏过渡研究[J].桥梁建设,2020,50(S1):51-56.